KB249369

~ 미래와 통하는 책 ~

동양북스 외국어
베스트 도서
700만 독자의 선택!

새로운 도서,
다양한 자료
동양북스
홈페이지에서
만나보세요!

www.dongyangbooks.com
m.dongyangbooks.com

※ 학습자료 및 MP3 제공 여부는 도서마다 상이하므로 확인 후 이용 바랍니다.

홈페이지 도서 자료실에서 학습자료 및 MP3 무료 다운로드

PC

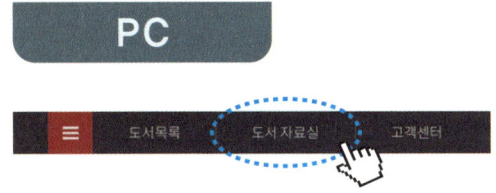

❶ 홈페이지 접속 후 도서 자료실 클릭
❷ 하단 검색 창에 검색어 입력
❸ MP3, 정답과 해설, 부가자료 등 첨부파일 다운로드

* 원하는 자료가 없는 경우 '요청하기' 클릭!

MOBILE

* 반드시 '인터넷, Safari, Chrome' App을 이용하여 홈페이지에 접속해주세요. (네이버, 다음 App 이용 시 첨부파일의 확장자명이 변경되어 저장되는 오류가 발생할 수 있습니다.)

❶ 홈페이지 접속 후 ☰ 터치

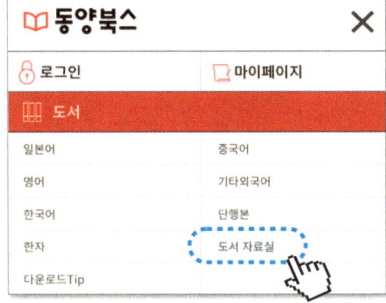

❷ 도서 자료실 터치

❸ 하단 검색창에 검색어 입력
❹ MP3, 정답과 해설, 부가자료 등 첨부파일 다운로드

* 압축 해제 방법은 '다운로드 Tip' 참고

주니어 일본어 첫걸음의 결정판

다이스키
주니어
일본어

下

노지영 · 노민영 공저

동양북스

주니어 일본어 첫걸음의 결정판

초판 5쇄 | 2023년 10월 1일

지은이 | 노지영, 노민영
발행인 | 김태웅
책임 편집 | 길혜진, 이선민
디자인 | 남은혜, 김지혜
일러스트 | 윤유빈
마케팅 | 나재승
제작 | 현대순

발행처 | ㈜동양북스
등   록 | 제 2014-000055호
주   소 | 서울시 마포구 동교로 22길 14 (04030)
구입 문의 | 전화 (02)337-1737   팩스 (02)334-6624
내용 문의 | 전화 (02)337-1762   dybooks2@gmail.com

ISBN 978-89-8300-617-2 13730

ⓒ 노지영 · 노민영, 2008

▶ 본 책은 저작권법에 의해 보호받는 저작물이므로 무단 전재와 무단 복제를 금합니다.
▶ 잘못된 책은 구입처에서 교환해드립니다.
▶ 도서출판 동양북스에서는 소중한 원고, 새로운 기획을 기다리고 있습니다.

  http://www.dongyangbooks.com

머리말

일본 속담에 "好きこそものの上手なれ" 라는 말이 있습니다. 이 말은"좋아하는 일은 열의가 생겨 잘할 수 있게 된다"라는 의미입니다. 요즘 애니메이션이나 컴퓨터 게임, 노래 등을 통해서 일본어를 접할 기회가 많아졌습니다. 아마 그런 것들을 통해 일본어에 흥미를 가지게 된 분들도 많을 거라고 생각됩니다. 하지만 이런 흥미가 실제 일본어를 공부하면서 어느새 사라져 버려서 중도에 포기하는 분들도 많습니다. 다이스키 주니어 일본어는 여러 분들이 끝까지 흥미를 잃지 않고 재미있고 쉽게 일본어를 배울 수 있었으면 하는 바람으로 만들었습니다.

외국어 공부를 하는 이유에 있어서 가장 큰 것은 뭐니뭐니해도 외국인과 대화하고 싶은 마음일 것입니다. 다이스키 주니어 일본어는 단순한 암기식이 아닌 문법을 쉽게 습득하고 응용하면서 자연스레 회화를 할 수 있도록 했습니다. 일본어는 우리말과 어순이 같기 때문에 문법만 확실하게 익히면 다른 외국어보다는 훨씬 쉽게 말을 할 수 있습니다. 그렇다고 문법을 달달 암기할 필요는 없습니다. 여러 단어를 집어넣어 반복해서 학습하다 보면 자신도 모르게 어느샌가 일본어로 말을 하고 있을 것입니다.

이 교재를 통하여 일본어를 쉽고 재미있게 공부하면서 문법을 체계적으로 습득하고, 일상회화에 활용할 수 있는 말하기 능력과 듣기 능력을 향상시킬 수 있기를 바랍니다.

끝으로 다이스키 주니어 일본어를 집필할 수 있게 많은 도움을 주신 동양북스 관계자 여러분께 깊은 감사를 드리며, 마지막까지 지켜주신 하나님께 영광을 돌립니다.

저자 노지영, 노민영

차례

CONTENTS

일러두기

LESSON

4

ゆうえんちに
行きたいです

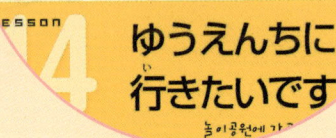
놀이공원에 가고

학습포인트

각 과의 주제와 관련된 핵심 문장들로, 학습에 들어가기 전에 한 과에 내용을 미리 엿볼 수 있습니다.

おぼえよう!　외워보자!

うみ 바다	まんが 만화	ゆうえんち 놀이공원
〜や	プレゼント 선물	

외워보자!

각 과에서 등장하는 주요 낱말들을 그림으로 표현하여 쉽고 재미있게 일본어를 외울 수 있습니다.

よんでみよう!　읽어보자!

♥ 다쿠야와 유미가 갖고 싶은 것, 하고 싶은 것에대해 이야기하고 있어요.

ユミ　もうすぐ　たくやくんの　おたんじょうび
　　　ですね。
　　　プレゼントは　何が　ほしいですか。

たくや　あたらしい　ゲームが　ほしいです。
　　　ユミさんは　何が　ほしいですか。

읽어보자!

일본어의 가장 기초적인 인사말부터 여러 주제의 대화들을, 쉽고 짧게 구성하여 일어 학습에 대한 부담을 줄였습니다.

まとめよう!　정리해보자!

01 | **もうすぐ たくやくんの おたんじょうびですね。**
이제 곧 다쿠야군의 생일이에요.

もうすぐ는 '이제 곧'라는 의미이며, たんじょうび는 '생일'라는 의미인데 남의 생일을 물어볼 때는 お를 붙여서 정중하게 말합니다. 단, 자신의 생일에 お를 붙여서는 안됩니다.

02 | **プレゼントは 何が ほしいですか。** 선물은 무엇을 갖고 싶습니까?

〜が ほしい는 '〜을(를) 갖고 싶다, 〜이(가) 있었으면 좋겠다'는 의미인데, 조사 が를 쓰는 것에 주의해야 합니다. 정중하게 말하고 싶을 땐 です를 붙이면 됩니다.

あたらしい かばんが ほしいです。 새로운 가방을 갖고 싶습니다.
日本人の 友だちが ほしいです。 일본인 친구가 있었으면 좋겠습니

レゼントより ゆうえんちに 行きた

정리해보자!

본문 회화에서 등장한 중요 문법과 문형을 알기 쉽게 설명하여 일본어에 대한 이해를 높이고 중요 표현들을 익힐 수 있습니다.

말해보자!

각자 역할을 맡아 일본어로 말하기 연습을 하며 앞에서 배웠던 중요 문법과 문형을 응용해 보는 페이지입니다.

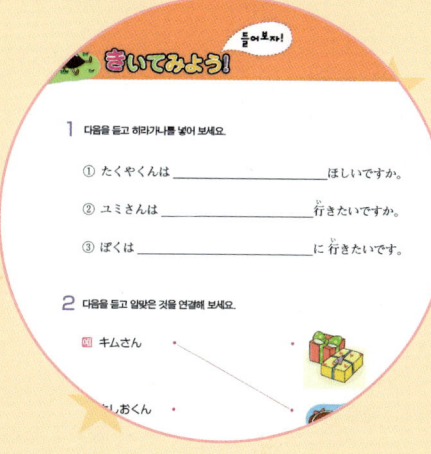

써보자! / 들어보자!

정리해보자에서 배운 동사의 활용 방법을 직접 써보며 익히는 페이지입니다.

리스닝 CD 속의 일본인 성우의 발음과 대화를 유의하여 듣고 문제를 풀어 보는 페이지로, 청취력을 높일 수 있습니다.

확인하자! / 잘했나요?

앞에서 배운 내용들을 쓰기 문제로 풀어 보며 마지막으로 확인, 복습하는 페이지입니다.

한 과의 학습에 대해 자기 스스로 평가해 보는 페이지입니다.

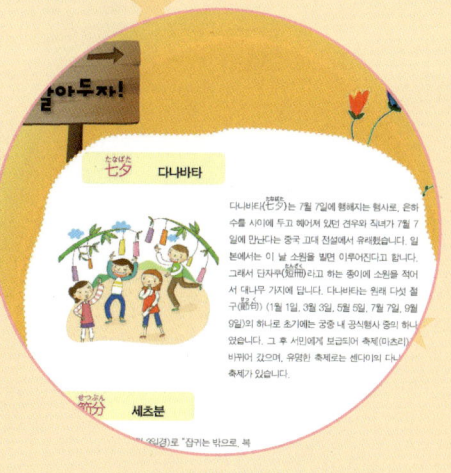

알아두자! / 놀아보자!

쉬어가기 코너로, 일본 문화에 대해 알아 보고 게임을 통해 재미있게 일본어를 공부할 수 있습니다.

12

しゅうまつは 何(なに)を しますか。

주말은 무엇을 합니까?

학습 포인트

동사를 알아 보아요.

よく えいがを 見(み)ますか。

えいがは あまり 見(み)ません。

ときどき・ぜんぜん

しゅうまつ
주말

としょかん
도서관

ピザ
피자

おんがく
음악

ゲーム
게임

ホラーえいが
공포영화

話す
말하다

行く
가다

きく
듣다

よんでみよう！

Track 03

♥ 다쿠야가 유미에게 주말에 무엇을 하는지 묻고 있어요.

たくや　こんしゅうの しゅうまつは 何^{なに}を しますか。

ユミ　　友^{とも}だちと えいがを 見^みます。

たくや　ユミさんは よく えいがを 見^みますか。

ユミ　　はい、よく 見ます。わたしは
　　　　ホラーえいがが 大好きです。
　　　　たくやくんは どうですか。

たくや　ぼくは えいがは あまり 見ません。
　　　　えいがより うんどうの ほうが 好きです。

낱말과 표현

こんしゅう 이번 주	えいが 영화	ぼく 나, 저(남자 말)
しゅうまつ 주말	見る 보다	あまり 그다지, 별로
何を 무엇을	～ます ~합니다	～ません ~하지 않습니다
する 하다	よく 자주	～より ~보다
～ますか ~합니까	ホラーえいが 공포영화	うんどう 운동
友だち 친구	～が大好きだ ~을(를) 아주 좋아하다	～ほう ~쪽, 편
～と ~와, 하고, 랑	どうですか 어떻습니까	～が好きだ ~을(를) 좋아하다

정리해보자!

まとめよう！

01 | こんしゅうの しゅうまつは 何を しますか。

이번 주 주말은 무엇을 합니까?

명사와 명사 사이에는 の가 들어가기 때문에 '이번 주 주말'은 こんしゅうの しゅうまつ가 됩니다. 何는 '무엇'이라는 의미이며, を는 '～을(를)'이라는 조사입니다. しますと '합니다'의 뜻으로, 3그룹 동사인 する(하다)의 정중어입니다.

02 | 友だちと えいがを 見ます。　친구와 영화를 봅니다.

とと '～와, 하고, 랑'이라는 의미입니다. 見ますと 2그룹 동사인 見る(보다)의 정중어로, 2그룹 동사는 어미 る를 빼고 ます를 붙이면 됩니다.

03 | よく えいがを 見ますか。　자주 영화를 봅니까?

よくと '자주'라는 의미로 빈도를 나타냅니다. 빈도를 나타내는 단어는 다음과 같습니다.

자주	가끔	별로 / 그다지	전혀
よく	ときどき	あまり	ぜんぜん

よく와 ときどき는 뒤에 긍정의 뜻인 ～ます(～합니다)가 오지만, あまり와 ぜんぜん은 뒤에 주로 부정의 뜻인 ～ません(～하지 않습니다)이 옵니다.

> **ex** よく 本を 読みます。　　　자주 책을 읽습니다.
> ときどき 友だちと あそびます。　가끔 친구와 놉니다.
> あまり べんきょうを しません。　별로 공부를 하지 않습니다.
> ぜんぜん テレビを 見ません。　전혀 TV를 보지 않습니다.

04 | ホラーえいがが 大好(だいす)きです。　　공포영화를 아주 좋아합니다.

大(だい)는 好(す)きです와 きらいです 앞에 붙어 '아주'라는 강조의 의미로 쓰입니다. 기호를 나타내는 好(す)きだ(좋아하다), きらいだ(싫어하다)와 능력을 나타내는 上手(じょうず)だ(잘하다), へただ(잘 못하다) 앞에 '~을(를)'이라는 의미의 조사가 올 때는 が를 씁니다.

> **ex**　スポーツが 大好(だいす)きです。　　스포츠를 아주 좋아합니다.
> 　　　　ねこが 大(だい)きらいです。　　고양이를 아주 싫어합니다.

05 | どうですか。　　어떻습니까?

상대방에게 의견을 물어볼 때 쓰는 표현으로 여기서는 '영화를 좋아합니까?'라는 의미로 쓰이고 있습니다.

06 | えいがより うんどうの ほうが 好(す)きです。
영화보다 운동 쪽을 좋아합니다.

より는 '~보다'라는 의미이며, 두 가지를 비교할 때 자주 쓰는 표현입니다. 우리말과 달리 '~쪽, 편'이라는 표현인 ほう를 넣어서 말하기 때문에 주의해야 합니다.

> **ex**　えいごより にほんごの ほうが おもしろいです。
> 　　　　영어보다 일본어 쪽이 재미있습니다.
> 　　　　やきゅうより サッカーの ほうが 上手(じょうず)です。
> 　　　　야구보다 축구 쪽을 잘합니다.

まとめよう! 정리해보자!

동사에 대해 알아보자!

1. 일본어의 동사는 어미가 [う]단으로 끝납니다.

あ단	あ	か	さ	た	な	ま	ら	が	ば
い단	い	き	し	ち	に	み	り	ぎ	び
う단	う	く	す	つ	ぬ	む	る	ぐ	ぶ
え단	え	け	せ	て	ね	め	れ	げ	べ
お단	お	こ	そ	と	の	も	ろ	ご	ぼ

2. 동사의 종류

동사는 그 종류에 따라 각각 변화가 다르므로 몇 그룹 동사인지가 중요합니다.

① 1그룹 동사　② 2그룹 동사　③ 3그룹 동사

3. 구분 방법

① 1그룹 동사

　・る로 끝나지 않는 동사

　　ex) 会う(만나다), 行く(가다), 話す(말하다), 読む(읽다), あそぶ(놀다)……

　・る로 끝나고 바로 앞이 [あ]단, [う]단, [お]단이 오는 동사

　　ex) ある(있다), ふる(비, 눈 등이 오다), のる(타다)……

　・예외 1그룹 동사 (2그룹 동사처럼 보이지만 예외적으로 1그룹 동사인 것)

　　ex) かえる(돌아가다), 入る(들어가다), はしる(달리다)……

② 2그룹 동사 : る로 끝나고 바로 앞이 [い]단, [え]단이 오는 동사

　　ex) 見る(보다), 食べる(먹다)……

③ 3그룹 동사 (두 가지밖에 없음) : 来る(오다), する(하다)

명사와 형용사는 '~합니다'라고 정중하게 말할 때 ~です를 붙이지만, 동사는 ~ます를 붙입니다.

[활용]

① 1그룹 동사 : 어미를 [い]단으로 바꾸고 ます를 붙입니다.

② 2그룹 동사 : 어미 る를 빼고 ます를 붙입니다.

③ 3그룹 동사 : 어간이 바뀌므로 주의해야 합니다.

	기본형	~ます(~합니다)	~ません (~하지 않습니다)
1그룹 동사 어미 い단+ます	会う (만나다)	会います (만납니다)	会いません (만나지 않습니다)
	行く (가다)	行きます (갑니다)	行きません (가지 않습니다)
	話す (말하다)	話します (말합니다)	話しません (말하지 않습니다)
	まつ (기다리다)	まちます (기다립니다)	まちません (기다리지 않습니다)
	あそぶ (놀다)	あそびます (놉니다)	あそびません (놀지 않습니다)
	読む (읽다)	読みます (읽습니다)	読みません (읽지 않습니다)
	のる (타다)	のります (탑니다)	のりません (타지 않습니다)
2그룹 동사 る+ます	見る (보다)	見ます (봅니다)	見ません (보지 않습니다)
	食べる (먹다)	食べます (먹습니다)	食べません (먹지 않습니다)
3그룹 동사	来る (오다)	来ます (옵니다)	来ません (오지 않습니다)
	する (하다)	します (합니다)	しません (하지 않습니다)

Track 04

はなしてみよう！

1 보기와 같이 이야기해 보세요.

보기

A よく えいがを 見ますか。

B₁ はい、見ます。

B₂ いいえ、見ません。

えいがを 見る

---

❶

本を 読む

❷

べんきょうを する

❸

友だちと あそぶ

❹

としょかんに 行く

낱말과 표현

よく 자주	読む 읽다	あそぶ 놀다
えいが 영화	べんきょう 공부	としょかん 도서관
見る 보다	する 하다	〜に ~에
本 책	友だち 친구	行く 가다

2 보기와 같이 이야기하고 각자 대답해 보세요.

보기

A よく おんがくを ききますか。

B ときどき ききます。

	よく〜ます	ときどき〜ます	あまり〜ません	ぜんぜん〜ません
보기 おんがくを きく		✔		
① 友だちと あそぶ				
② 本を 読む				
③ ピザを 食べる				
④ ゲームを する				

낱말과 표현

おんがく 음악	あまり 그다지, 별로	食べる 먹다
きく 듣다	ぜんぜん 전혀	ゲーム 게임
ときどき 가끔	ピザ 피자	

1 다음 동사를 '…합니다', '…하지 않습니다'의 형태로 고쳐 보세요.

1그룹 동사

	〜ます(~합니다)	〜ません(~하지 않습니다)
読む(읽다)		
話す(말하다)		
きく(듣다)		
あそぶ(놀다)		

2그룹 동사

見る(보다)		
食べる(먹다)		

3그룹 동사

来る(오다)		
する(하다)		

들어보자!

Track 05

1 다음을 듣고 히라가나를 넣어 보세요.

① たくやくんは、よく 本を＿＿＿＿＿＿＿＿＿＿。

② いいえ、あまり＿＿＿＿＿＿＿＿＿＿。ユミさんは?

③ わたしは ＿＿＿＿＿＿＿＿＿読みます。

2 다음을 듣고 알맞은 것을 연결해 보세요.

예 やまだくん ・

① ジナさん ・

② パクさん ・

③ よしおくん ・

1 다음 빈 칸에 들어갈 가타카나를 넣어 보세요.

❶

| ピ | | |

❷

| | ー | |

2 다음 표를 보고 문장을 완성하세요.

	よく	ときどき	あまり	ぜんぜん
❶ えいがを 見る			✓	
❷ ピザを 食べる				✓
❸ 本を 読む		✓		

① A　よく えいがを 見ますか。

B　_____ _____ _____ 見ません。

② A　よく ピザを 食べますか。

B　_____ _____ _____ _____ 食べません。

③ A　よく 本を 読みますか。

B　_____ _____ _____ _____ 読みます。

잘했나요?

よくできましたか

♥ 한 과를 끝낸 후, 학습에 대해 자기 스스로 평가해 보세요.

항목	질문	よく できました	まあ まあです	もっと がんばろう
낱말	필요한 낱말은 모두 외웠나요?			
읽기	본문 해석이 잘됐나요?			
문법	문법 설명을 이해했나요?			
말하기	막힘없이 대화를 잘했나요?			
듣기	듣고 잘 이해했나요?			
쓰기	틀리지 않고 모두 썼나요?			

13

いっしょに としょかんで べんきょうを しませんか。

함께 도서관에서 공부를 하지 않겠습니까?

학습 포인트

친구에게 권유해 보아요.

いっしょに としょかんで べんきょうを しませんか。

いいですね、しましょう。

ピザに しましょう。

いっしょに
함께

ケーキ
케이크

きょう
오늘

ハンバーガー
햄버거

アクションえいが
액션영화

ノート
노트

の
飲む
마시다

ふく
옷

ペコペコ
배가 몹시 고픈 모양

♥ 다쿠야와 유미가 방과 후 무엇을 할지 이야기하고 있어요.

ユミ　たくやくん、きょう いっしょに
としょかんで べんきょうを しませんか。

たくや　いいですね、しましょう。
でも、今（いま）おなかが ペコペコです。
さきに 何（なに）か 食（た）べませんか。

ユミ　いいですよ、何<ruby>なに</ruby>に しましょうか。

たくや　ピザは どうですか。

ユミ　いいですね、ピザに しましょう。

낱말과 표현

きょう 오늘	いいですね 좋네요	何か 무언가
いっしょに 함께	～ましょう ~합시다	食べる 먹다
としょかん 도서관	でも 하지만	いいですよ 좋아요
～で ~에서	今 지금	何に 무엇으로
べんきょう 공부	おなか 배	～にする ~(으)로 (정)하다
～を ~을(를)	～が ~이(가)	～ましょうか ~할까요
する 하다	ペコペコ 배가 몹시 고픈 모양	ピザ 피자
～ませんか ~하지 않겠습니까	さきに 먼저	どうですか 어떻습니까

まとめよう!

01 | きょう いっしょに としょかんで べんきょうを しませんか。

오늘 함께 도서관에서 공부를 하지 않겠습니까?

いっしょには '함께'라는 의미이며, では '〜에서'라는 장소를 나타내는 조사입니다. 〜ませんかは '〜하지 않겠어요?'라는 의미로 다른 사람에게 무언가를 권유할 때 쓰는 표현입니다. 동사 ます형에서 ます를 빼고 붙이면 됩니다.

02 | いいですね、しましょう。　좋아요, 합시다.

〜ましょうは '〜합시다'라는 의미로 상대에게 무언가를 권유하거나 제안할 때 또는 상대방이 무언가를 제안했을 때 긍정적인 답변으로 쓰입니다. 동사 ます형에서 ます를 빼고 붙이면 됩니다.

> **ex** きょうは えいがを 見ましょう。　오늘은 영화를 봅시다.
>
> A こうえんに 行きませんか。　공원에 가지 않겠습니까?
> B いいですね。行きましょう。　좋아요. 갑시다.

03 | でも、今 おなかが ペコペコです。

하지만, 지금 배가 몹시 고픕니다.

でもは '하지만'이라는 의미로 회화에서 아주 많이 사용되는 접속사입니다. ペコペコは '배가 몹시 고픈 모양'를 나타내는 단어이며, 뒤에 です를 붙여서 사용합니다.

04 | さきに 何か 食べませんか。　먼저 무언가 먹지 않겠습니까?

さきに는 '먼저'라는 의미이며, ～か는 '～인가, ～일까'라는 뜻으로 여러 가지 단어에 붙여서 사용할 수 있습니다.

> **ex**　しゅうまつは どこかに 行きますか。　주말에는 어딘가에 갑니까?
>
> いつか いっしょに 日本に 行きましょう。　언젠가 함께 일본에 갑시다.

05 | 何に しましょうか。　무엇으로 할까요?

～に する는 '～(으)로 (정)하다'라는 의미로 자신의 결정을 말할 때 사용하는 표현입니다.

> **ex**　ユミさんは 何に しますか。　유미 씨는 무엇으로 하겠습니까?
>
> わたしは カレーに します。　나는 카레로 하겠습니다.

～ましょうか는 '～할까요?'라는 의미로 동사 ます형에서 ます를 빼고 붙이면 됩니다.

> **ex**　ひるごはんは とんかつに しましょうか。　점심은 돈가스로 할까요?
>
> いっしょに こうえんで あそびましょうか。　함께 공원에서 놀까요?

1 보기와 같이 이야기해 보세요.

보기

A いっしょに べんきょうを しませんか。

B₁ いいですね、しましょう。

B₂ すみません、きょうは ちょっと。

べんきょうを する

❶

えいがを 見る

❷

ジュースを 飲む

❸

としょかんに 行く

❹

うちに かえる

낱말과 표현

いっしょに 함께	きょうはちょっと	飲む 마시다
べんきょう 공부	오늘은 좀(거절의 의미)	としょかん 도서관
する 하다	えいが 영화	行く 가다
いいですね 좋네요	見る 보다	うち 집
すみません 미안합니다	ジュース 주스	かえる 돌아가다

30

2 보기와 같이 이야기해 보세요.

보기

A 何に しましょうか。

B ハンバーガーは どうですか。

A いいですね、ハンバーガーに
しましょう。

ハンバーガー

①  ケーキ

②  ノート

③  ふく

④  アクションえいが

何 무엇	どうですか 어떻습니까	ふく 옷
～にする ~(으)로 (정)하다	ケーキ 케이크	アクションえいが 액션영화
ハンバーガー 햄버거	ノート 노트	

1 다음을 듣고 히라가나를 넣어 보세요.

① たくやくん、いっしょに ＿＿＿＿＿＿＿＿＿＿か。

② いいですね、何を＿＿＿＿＿＿＿＿＿＿か。

③ ゲームは ＿＿＿＿＿＿＿＿＿＿。

2 다음을 듣고 알맞은 것을 고르세요

	はい		いいえ
예	(✓)		( )
①	( )		( )
②	( )		( )
③	( )		( )

確認하자!

かくにんしょう!

1 다음 빈 칸에 들어갈 가타카나를 넣어 보세요.

❶

❷

❸

	ー	

	バ	ー		

		ト

2 다음 그림을 보고 문장을 완성하세요.

①

A　いっしょに べんきょうを しませんか。

B　いいですね、＿＿＿＿＿＿＿＿＿＿＿。

②

A　いっしょに うちに かえりませんか。

B　いいですね、＿＿＿＿＿＿＿＿＿＿＿。

③

A　いっしょに おんがくを ききませんか。

B　いいですね、＿＿＿＿＿＿＿＿＿＿＿。

13 いっしょに としょかんで べんきょうを しませんか。🌱 **33**

잘했나요?

よくできましたか

♥ 한 과를 끝낸 후, 학습에 대해 자기 스스로 평가해 보세요.

항목	질문	よく できました	まあ まあです	もっと がんばろう
낱말	필요한 낱말은 모두 외웠나요?			
읽기	본문 해석이 잘됐나요?			
문법	문법 설명을 이해했나요?			
말하기	막힘없이 대화를 잘했나요?			
듣기	듣고 잘 이해했나요?			
쓰기	틀리지 않고 모두 썼나요?			

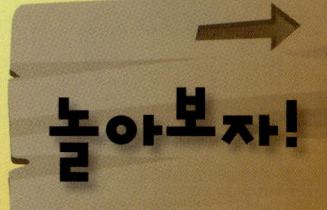

놀아보자!

♣ 게임 방법

우선 둥글게 모여 앉고, 권유카드와 대답카드를 한 장씩 받습니다.
권유카드에는 상대방에게 권유하는 문장이, 대답카드에는 답변하는 문장이 들어있습니다. 카드에 적힌 내용은 비밀로 하고, 상대방을 지정하여 「いっしょに ～ませんか。」를 사용해서 자신의 권유카드에 적힌 내용을 물어봅니다. 권유를 받은 사람은 자신의 답변카드에 일치하는 질문에는 「いいですね。～ましょう。」로 대답하고 답변카드를 권유한 자에게 주며, 일치하지 않는 질문에는 「すみません、きょうは ちょっと…。」로 대답하고, 기회는 다음 사람으로 넘어갑니다.
(예: 상대방이 「いっしょに 食べませんか。」라고 물었는데 자신의 답변카드가 「行きましょう。」이면 「すみません、きょうは ちょっと…。」로 대답합니다.) 자신의 권유카드에 대한 답변카드를 빨리 찾는 사람이 이기는 게임입니다.

ゆうえんちに 行きたいです。

놀이공원에 가고 싶습니다.

학습 포인트

하고 싶은 것과 갖고 싶은 것을 말해 보아요.

あたらしい ゲームが ほしいです。

ゆうえんちに 行きたいです。

バイキングに のりたいです。

うみ
바다

まんが
만화

ゆうえんち
놀이공원

じてんしゃ
자전거

プレゼント
선물

ぬいぐるみ
봉제인형

ゲームソフト
게임소프트

デジカメ
디지털 카메라

パソコン
퍼스널 컴퓨터

♥ 다쿠야와 유미가 갖고 싶은 것, 하고 싶은 것에 대해 이야기하고 있어요.

ユミ　　もうすぐ たくやくんの おたんじょうび
　　　　ですね。
　　　　プレゼントは 何^{なに}が ほしいですか。

たくや　あたらしい ゲームが ほしいです。
　　　　ユミさんは 何^{なに}が ほしいですか。

ユミ　　わたしは　プレゼントより　ゆうえんちに
　　　　行きたいです。

たくや　ゆうえんちですか。

ユミ　　はい、バイキングに　のりたいです。

たくや　それも　いいですね。

もうすぐ 이제 곧	ゲーム 게임	バイキング 바이킹
たんじょうび 생일	〜より ~보다	〜にのる ~을(를) 타다
プレゼント 선물	ゆうえんち 놀이공원	それ 그것
何 무엇	〜に ~에	〜も ~도
〜がほしい ~을(를) 갖고 싶다	行く 가다	いいですね 좋네요
あたらしい 새롭다	〜たい ~하고 싶다	

まとめよう!

01 | もうすぐ たくやくんの おたんじょうびですね。

이제 곧 다쿠야군의 생일이네요.

もうすぐ는 '이제 곧'이라는 의미이며, たんじょうび는 '생일'이라는 의미인데 남의 생일을 물어볼 때는 お를 붙여서 정중하게 말합니다. 단, 자신의 생일에 お를 붙여서는 안됩니다.

02 | プレゼントは 何_{なに}が ほしいですか。 선물은 무엇을 갖고 싶습니까?

~が ほしい는 '~을(를) 갖고 싶다, ~이(가) 있었으면 좋겠다'는 의미인데, 조사 が를 쓰는 것에 주의해야 합니다. 정중하게 말하고 싶을 땐 です를 붙이면 됩니다.

> **ex** あたらしい かばんが ほしいです。 새로운 가방을 갖고 싶습니다.
> 日本人_{にほんじん}の 友_{とも}だちが ほしいです。 일본인 친구가 있었으면 좋겠습니다.

03 | プレゼントより ゆうえんちに 行_いきたいです。

선물보다 놀이공원에 가고 싶습니다.

より는 '~보다'라는 의미이며, に는 '~에'라는 장소를 나타내는 조사입니다.
たい는 '~하고 싶다'라는 희망을 나타내는 표현으로 동사 ます형에서 ます를 빼고 붙이면 됩니다. 정중하게 말하고 싶을 때는 です를 붙이면 됩니다.

기본형	～ます (～합니다)	～たい (～하고 싶다)
会う (만나다)	会います (만납니다)	会いたい (만나고 싶다)
行く (가다)	行きます (갑니다)	行きたい (가고 싶다)
あそぶ (놀다)	あそびます (놉니다)	あそびたい (놀고 싶다)
のる (타다)	のります (탑니다)	のりたい (타고 싶다)
見る (보다)	見ます (봅니다)	見たい (보고 싶다)
食べる (먹다)	食べます (먹습니다)	食べたい (먹고 싶다)
来る (오다)	来ます (옵니다)	来たい (오고 싶다)
する (하다)	します (합니다)	したい (하고 싶다)

> **ex** まんがが(を) 読みたいです.　　　만화가(를) 보고 싶습니다.
>
> ピザが(を) 食べたいです.　　　피자가(를) 먹고 싶습니다.

* 우리말과 마찬가지로 たい 앞에는 조사 を(을/를)와 が(이/가) 어느 쪽을 사용해도 괜찮습니다. 하지만 일본 사람들은 주로 が를 많이 씁니다.

04 │ バイキングに のりたいです.　　　바이킹을 타고 싶습니다.

のる는 '타다'라는 동사인데 우리말에서는 앞에 주로 '～을(를)'이라는 조사가 오지만 일본어에서는 に라는 조사를 씁니다. 이와 마찬가지로 会う라는 동사도 '～을(를) 만나다'라고 말하고 싶을 때 앞에 조사 に를 씁니다.

> **ex** あさ、ちかてつに のります.　　　아침에 지하철을 탑니다.
>
> 友だちに 会いたいです.　　　친구를 만나고 싶습니다.

1 보기과 같이 이야기해 보세요.

보기

A　ミナさんは 何が 見たいですか。

B　えいがが 見たいです。

❶ 何が 食べたいですか

ハンバーガー　　　　　ピザ　　　　　　すし

❷ どこに 行きたいですか

日本　　　　　　ゆうえんち　　　　　うみ

❸ 何が したいですか

友だちと あそぶ　　　　ねる　　　　じてんしゃに のる

낱말과 표현

何が 무엇이	すし 초밥	友だち 친구
えいが 영화	どこに 어디에	あそぶ 놀다
見る 보다	行く 가다	ねる 자다
ハンバーガー 햄버거	ゆうえんち 놀이공원	じてんしゃ 자전거
ピザ 피자	うみ 바다	～にのる ~을(를) 타다

2 보기와 같이 이야기해 보세요.

보기

A プレゼントは 何_{なに}が ほしいですか。

B けいたいでんわが ほしいです。

けいたいでんわ

①

ぬいぐるみ

サッカーボール

まんが

②

ゲームソフト

デジカメ

パソコン

③

くつ

とけい

かばん

낱말과 표현

プレゼント 선물	まんが 만화	くつ 신발
けいたいでんわ 휴대폰	ゲームソフト 게임소프트	とけい 시계
ぬいぐるみ 봉제인형	デジカメ 디지털 카메라	かばん 가방
サッカーボール 축구공	パソコン 퍼스널 컴퓨터	

1 다음을 듣고 히라가나를 넣어 보세요.

① たくやくんは ＿＿＿＿＿＿＿＿＿＿＿＿ほしいですか。

② ユミさんは ＿＿＿＿＿＿＿＿＿＿＿行きたいですか。

③ ぼくは ＿＿＿＿＿＿＿＿＿＿＿に行きたいです。

2 다음을 듣고 알맞은 것을 연결해 보세요.

예 キムさん ・

① よしおくん ・   ・

② パクさん ・   ・

③ まさみさん ・   ・

かくにんしょう！

1 다음 빈 칸에 들어갈 가타카나를 넣어 보세요.

レ	ン	

		メ

	コ	

2 다음 그림을 보고 문장을 완성하세요.

①

A　何^{なに}が ほしいですか。

B　ゲームソフトが＿＿＿＿＿＿＿です。

②

A　何^{なに}が したいですか。

B　ピザが＿＿＿＿＿＿＿＿＿です。

③

A　何^{なに}が したいですか。

B　じてんしゃに＿＿＿＿＿＿＿です。

잘했나요?

よくできましたか

♥ 한 과를 끝낸 후, 학습에 대해 자기 스스로 평가해 보세요.

항목	질문	よく できました	まあ まあです	もっと がんばろう
낱말	필요한 낱말은 모두 외웠나요?			
읽기	본문 해석이 잘됐나요?			
문법	문법 설명을 이해했나요?			
말하기	막힘없이 대화를 잘했나요?			
듣기	듣고 잘 이해했나요?			
쓰기	틀리지 않고 모두 썼나요?			

七夕 (たなばた) 다나바타

다나바타(七夕)는 7월 7일에 열리는 행사로, 은하수를 사이에 두고 헤어져 있던 견우와 직녀가 7월 7일에 만난다는 중국 고대 전설에서 유래했습니다. 일본에서는 이날 소원을 빌면 이루어진다고 합니다. 그래서 단자쿠(短冊)라고 하는 종이에 소원을 적어서 대나무 가지에 답니다. 다나바타는 원래 다섯 절구(節句) (1월 1일, 3월 3일, 5월 5일, 7월 7일, 9월 9일)의 하나로 초기에는 궁중 내 공식행사 중의 하나였습니다. 그 후 서민에게 보급되어 축제(마츠리)로 바뀌어 갔으며, 유명한 축제로는 센다이의 다나바타 축제가 있습니다.

節分 (せつぶん) 세츠분

세츠분은 입춘 전날(2월 3일경)로 "잡귀는 밖으로, 복은 집안으로(鬼は外、福は内)"라고 외치면서 볶은 콩을 뿌리는 마메마끼(豆まき)를 합니다. 이것은 봄을 맞이하기 전에 집안의 잡귀를 쫓는 뜻에서 하는 풍습입니다. 가정에서는 가족 중 한 명이 도깨비 가면을 쓰고, 다른 식구들은 그 사람에게 콩을 던집니다. 그 후 콩을 자신의 나이만큼 먹으면 한 해 동안 병에 걸리지 않는다고 합니다. 또한 이날 두껍게 말아 만든 김초밥을 자르지 않고 먹으면 복이 온다고 합니다.

サッカーの しあいが ありましたから...。

축구 시합이 있었기 때문에….

학습 포인트

어제 했던 일과 이유를 말해 보아요.

としょかんに 行きましたか。

いいえ、行きませんでした。

サッカーの しあいが ありましたから...。

외워보자!

しゅくだい
숙제

しあい
시합

かお
얼굴

ショッピング
쇼핑

あらう
씻다

～に 会う
～를 만나다

そうじを する
청소하다

およぐ
수영하다

雨が ふる
비가 오다

💜 다쿠야와 유미가 교실에서 이야기하고 있어요.

ユミ　　たくやくん、きのう、としょかんに 行^いきましたか。

たくや　いいえ、行^いきませんでした。

ユミ　　どうしてですか。

たくや　きのう テレビで サッカーの しあいが
　　　　ありましたから…。

ユミ　　じゃ、あしたの テストべんきょうは
　　　　もう しましたか。

たくや　いいえ、まだです。

きのう 어제	テレビ 텔레비전	～から ~이기 때문에
としょかん 도서관	～で～ 에서	じゃ 그럼
行く 가다	サッカー 축구	あした 내일
～ましたか ~했습니까	しあい 시합	テストべんきょう 시험공부
～ませんでした ~하지 않았습니다	ある 있다	もう 벌써, 이미
どうしてですか 왜입니까	～ました ~했습니다	まだ 아직

まとめよう！

01 | としょかんに 行きましたか。   도서관에 갔습니까?

行きましたは '갔습니다'라는 과거형이며, 동사 ます형에서 ます를 빼고 ました를 붙이면 됩니다. '~하지 않았습니다'라는 과거부정형도 동사 ます형에서 ます를 빼고 ませんでした를 붙이면 됩니다.

기본형	～ます (~합니다)	～ました (~했습니다)	～ませんでした (~하지 않았습니다)
会う (만나다)	会います (만납니다)	会いました (만났습니다)	会いませんでした (만나지 않았습니다)
行く (가다)	行きます (갑니다)	行きました (갔습니다)	行きませんでした (가지 않았습니다)
読む (읽다)	読みます (읽습니다)	読みました (읽었습니다)	読みませんでした (읽지 않았습니다)
のる (타다)	のります (탑니다)	のりました (탔습니다)	のりませんでした (타지 않았습니다)
見る (보다)	見ます (봅니다)	見ました (봤습니다)	見ませんでした (보지 않았습니다)
食べる (먹다)	食べます (먹습니다)	食べました (먹었습니다)	食べませんでした (먹지 않았습니다)
来る (오다)	来ます (옵니다)	来ました (왔습니다)	来ませんでした (오지 않았습니다)
する (하다)	します (합니다)	しました (했습니다)	しませんでした (하지 않았습니다)

ex
A　きのう、友だちと あそびましたか。　어제 친구와 놀았습니까?
B₁　はい、あそびました。　네, 놀았습니다.
B₂　いいえ、あそびませんでした。　아니요, 놀지 않았습니다.

02 | どうしてですか。　왜입니까?

이유를 물어볼 때 사용하는 표현으로 대답으로는 から(～이기 때문에)가 오는 경우가 많습니다.

03 | きのう テレビで サッカーの しあいが ありましたから…。

어제 텔레비전에서 축구 시합이 있었기 때문에….

から는 '～이기 때문에'라는 의미로, 이유를 말할 때 문장 끝에 붙여서 쓰면 됩니다.

> **ex**　この みせは おいしいですから、よく 来ます。
> 이 가게는 맛있기 때문에 자주 옵니다.
>
> きのう テストが ありましたから、友だちに 会いませんでした。
> 어제 시험이 있었기 때문에 친구를 만나지 않았습니다.

04 | じゃ、あしたの テストべんきょうは もう しましたか。

그럼, 내일 시험공부는 벌써 했습니까?

もう는 '이미, 벌써'라는 의미로, 반대 의미의 대답에는 주로 まだ(아직)가 옵니다.

05 | いいえ、まだです。　아니요, 아직입니다.

まだ는 '아직'이라는 의미로, です를 붙이면 '아직 ～하지 않았습니다'라는 의미가 됩니다.

1 보기와 같이 이야기하고 각자 대답해 보세요.

보기

A　もう しゅくだいを しましたか。

B₁　はい、しました。

B₂　いいえ、まだです。

		はい	いいえ
보기	しゅくだいを する	✓	
❶	かおを あらう		
❷	ごはんを 食べる		
❸	先生に 会う		
❹	そうじを する		

낱말과 표현

もう 벌써, 이미	かお 얼굴	先生 선생님
しゅくだい 숙제	あらう 씻다	〜に会う ~을(를) 만나다
する 하다	ごはん 밥	そうじ 청소
まだ 아직	食べる 먹다	

2 보기와 같이 이야기해 보세요.

しゅくだいを する/
サッカーの しあいが ある

보기

A　きのう、しゅくだいを しましたか。

B　いいえ、しませんでした。

A　どうしてですか。

B　サッカーの しあいが ありましたから。

❶

べんきょうを する/友だちに 会う

❷

テレビを 見る/ねる

❸

本を 読む/ショッピングを する

❹

およぐ/雨が ふる

きのう 어제	友だち 친구	ショッピング 쇼핑
サッカー 축구	テレビ 텔레비전	およぐ 수영하다
しあい 시합	ねる 자다	雨 비
べんきょう 공부	読む 읽다	ふる (비, 눈 등이)내리다

1 다음을 듣고 알맞은 것을 고르세요.

はい	いいえ
예 (✓)	( )
① ( )	( )
② ( )	( )
③ ( )	( )

2 다음을 듣고 알맞은 이유를 고르세요.

①

(   )　　(   )　　(   )

②

(   )　　(   )　　(   )

かくにんしょう！

1 다음 빈 칸에 '…했습니다' 형태의 동사를 넣어 보세요.

2 다음 문장을 완성하세요.

① A　きのう えいがを 見ましたか。

　 B　いいえ、＿＿＿ ＿＿＿ ＿＿＿ ＿＿＿ ＿＿＿ ＿＿＿ ＿＿＿。

② A　きのう としょかんに 行きましたか。

　 B　はい、＿＿＿ ＿＿＿ ＿＿＿ ＿＿＿ ＿＿＿。

③ A　もう、しゅくだいを しましたか。

　 B　いいえ、＿＿＿ ＿＿＿です。

잘했나요?

よくできましたか

♥ 한 과를 끝낸 후, 학습에 대해 자기 스스로 평가해 보세요.

항목	질문	よく できました	まあ まあです	もっと がんばろう
낱말	필요한 낱말은 모두 외웠나요?			
읽기	본문 해석이 잘됐나요?			
문법	문법 설명을 이해했나요?			
말하기	막힘없이 대화를 잘했나요?			
듣기	듣고 잘 이해했나요?			
쓰기	틀리지 않고 모두 썼나요?			

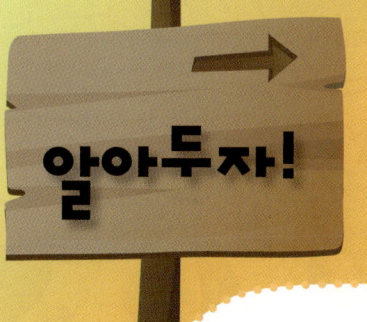

お正月　오쇼가츠

오쇼가츠는 한 해의 첫날로 도시가미 (年神)라는 신을 맞이하는 날입니다. 이 신은 높은 곳에서 인간세상에 내려 와 인간들이 행복한 생활을 할 수 있도 록 도와준다고 합니다. 그래서 신을 맞 이한다는 의미로 소나무 장식인 가도마 츠(門松)를 대문에 장식하고, 신에게 드리는 떡인 가가미모치(鏡餅)를 만들 어 무병장수를 기원합니다.

설날 요리로는 오세치(お節)와 오조니(お雑煮)가 있는데, 오세치는 다양한 재료로 만든 음식으로 그 음식 하나하나에 가족의 행복과 건강, 자손 번영을 기원하는 뜻이 담겨 있습니 다. 오조니는 일본식 떡국으로 일반적으로 야채, 생선, 고기 등이 든 맑은 장국에 떡을 넣은 것입니다.

설날 아침에는 새해 1년 동안의 건강과 행복을 기원하기 위하여 유명한 신사와 사원에 참 배하는 사람들이 많은데 이것을 하츠모데(初詣)라고 합니다. 이 하츠모데를 위해 전날 밤 부터 집을 출발해서, 1월 1일 0시를 기해서 참배하는 사람들로 신사와 사원은 붐빕니다.

새해인사는 「明けましておめでとうございます」라고 하는데 여기서 「おめでとう ございます」는 축하한다는 의미로 경사스러운 일이 있을 때 사용하는 말입니다. 또한 일 본아이들은 세배를 하지 않으므로 「明けましておめでとうございます」라고 인사하 면 세뱃돈인 오토시다마(お年玉)를 받습니다.

セールでしたから、とても 安_{やす}かったです。

세일이었기 때문에 아주 쌌습니다.

명사와 형용사의 과거형을 말해 보아요.

かばんは 安_{やす}かったですか。

セールでしたから、とても 安_{やす}かったですよ。

あまり しんせつじゃありませんでしたから...。

セール
세일

え
그림

店
가게

デパート
백화점

やきゅう
야구

きのう
어제

買う
사다

てんいん
점원

上手だ
잘하다

16 セールでしたから、とても 安かったです。 61

♥ 다쿠야가 유미에게 어제 무엇을 했는지 묻고 있어요.

たくや　ユミさん、きのうは 何^{なに}を しましたか。

ユミ　ははと デパートで かばんを 見^みました。

たくや　そうですか、かばんは 安^{やす}かったですか。

ユミ　はい、きのうは セールでしたから、
とても 安^{やす}かったですよ。

たくや	そうですか。かばんを 買いましたか。
ユミ	いいえ、買いませんでした。
たくや	どうしてですか。
ユミ	安かったですけど、てんいんさんが あまり しんせつじゃありませんでし たから...。

날말과 표현

きのう 어제	〜でした ~했습니다	〜けど ~이지만, 하지만
はは 어머니	〜から ~이기 때문에	てんいん 점원
デパート 백화점	とても 아주	あまり 그다지, 별로
かばん 가방	買う 사다	しんせつだ 친절하다
見る 보다	〜ましたか ~했습니까	〜じゃありませんでした
安い 싸다	〜ませんでした	~지 않았습니다
〜かったです ~했습니다	~지 않았습니다	
セール 세일	どうして 왜, 어째서	

まとめよう!

01 | ははと デパートで かばんを 見ました。

어머니와 백화점에서 가방을 봤습니다.

ははは 자신의 어머니를 남에게 말할 때 쓰는 낮춘 표현입니다. 남의 어머니를 말하거나 자신의 어머니를 부를 때는 높임말인 おかあさん을 사용합니다.

02 | かばんは 安かったですか。 가방은 쌌습니까?

い형용사의 과거형은 い를 빼고 かった를 붙이면 되고, 과거부정형은 부정형인 くありません에 과거형인 でした를 붙이면 됩니다.

い형용사

기본형	과거형(~했습니다)	과거부정형(~지 않았습니다)
あつい (덥다)	あつかったです (더웠습니다)	あつくありませんでした (덥지 않았습니다)
おいしい (맛있다)	おいしかったです (맛있었습니다)	おいしくありませんでした (맛있지 않았습니다)

03 | セールでしたから、とても 安かったですよ。

세일이었기 때문에 아주 쌌습니다.

명사의 과거형은 です 대신 でした를 붙이면 되고, 과거부정형은 부정형인 じゃありません에 과거형인 でした를 붙이면 됩니다.

명사

기본형	과거형(~했습니다)	과거부정형(~지 않았습니다)
休み (휴일)	休みでした (휴일이었습니다)	休みじゃありませんでした (휴일이 아니었습니다)
しけん (시험)	しけんでした (시험이었습니다)	しけんじゃありませんでした (시험이 아니었습니다)

04 | 安かったですけど、てんいんさんが あまり しんせつじゃありませんでしたから...。

싼지만 점원이 그다지 친절하지 않았기 때문에….

けど는 '〜이지만, 하지만'이라는 의미로 문장 끝에 붙여서 사용합니다. 같은 의미로 が가 있는데 けど 쪽이 회화에서 더 많이 사용됩니다.

> **ex**　あの 店は おいしかったですけど(が)、すこし 高かったです。
> 저 가게는 맛있었지만, 조금 비쌌습니다.
>
> デパートは 有名でしたけど(が)、あまり しんせつじゃありませんでした。
> 백화점은 유명했지만, 그다지 친절하지 않았습니다.

てんいん은 '점원'이라는 의미로 일본에서는 직업 명칭에 さん을 붙여, 친근함과 정중함을 나타냅니다. な형용사는 명사와 마찬가지로 과거형은 だ를 빼고 でした를 붙여주면 되고, 과거부정형은 부정형인 じゃありません에 과거형인 でした를 붙이면 됩니다.

な형용사

기본형	과거형(~했습니다)	과거부정형(~지 않았습니다)
かんたんだ (간단하다)	かんたんでした (간단했습니다)	かんたんじゃありませんでした (간단하지 않았습니다)
有名だ (유명하다)	有名でした (유명했습니다)	有名じゃありませんでした (유명하지 않았습니다)

1 보기와 같이 이야기해 보세요.

보기

A やきゅうは どうでしたか。

B₁ とても おもしろかったです。

B₂ あまり おもしろくありませんでした。

やきゅう/おもしろい

①

すし/おいしい

②

いぬ/かわいい

③

てんいんさん/
しんせつだ

④

うた/上手だ

やきゅう 야구	すし 초밥	てんいん 점원
とても 아주	おいしい 맛있다	しんせつだ 친절하다
おもしろい 재미있다	いぬ 개	うた 노래
あまり 그다지, 별로	かわいい 귀엽다	上手だ 잘하다, 능숙하다

2 보기와 같이 이야기해 보세요.

보기

A かばんは どうでしたか。

B 安かったですけど、
かわいく ありませんでした。

かばん / かわいい

① 本 / おもしろい

② あの店 / おいしい

③ え / きれいだ

④ デパート /
しんせつだ

かばん 가방	あの 저	きれいだ 예쁘다, 깨끗하다
安い 싸다	店 가게	デパート 백화점
本 책	え 그림	

써보자!

かいてみよう!

1 다음 형용사들을 '…했습니다', '…지 않았습니다'의 형태로 고쳐 보세요.

い형용사

	~かったです (~했습니다)	~くありませんでした (~지 않았습니다)
おもしろい (재미있다)		
おいしい (맛있다)		
かわいい (귀엽다)		
安い (싸다)		

명사/な형용사

	~でした (~했습니다)	~じゃありませんでした (~지 않았습니다)
上手だ (잘하다)		
しんせつだ (친절하다)		
有名だ (유명하다)		
セール (세일)		

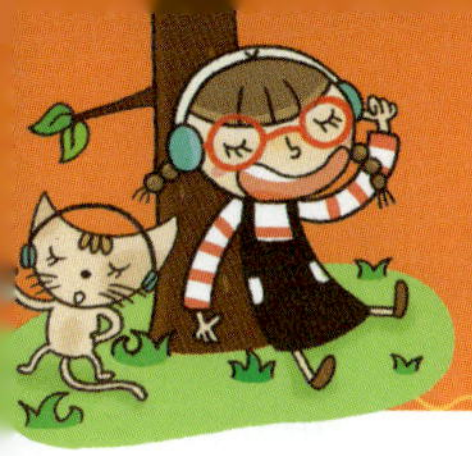

1 다음을 듣고 알맞은 것을 고르세요.

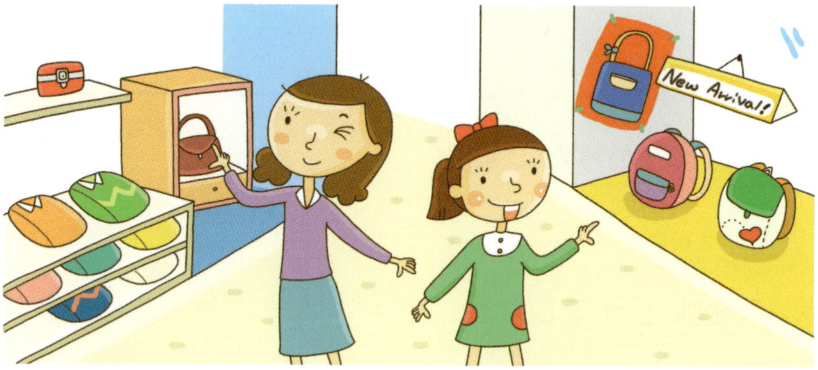

예 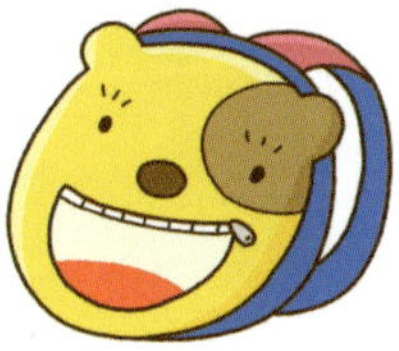 (✓)	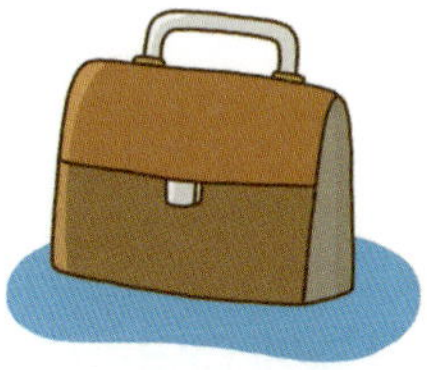 ( )
① 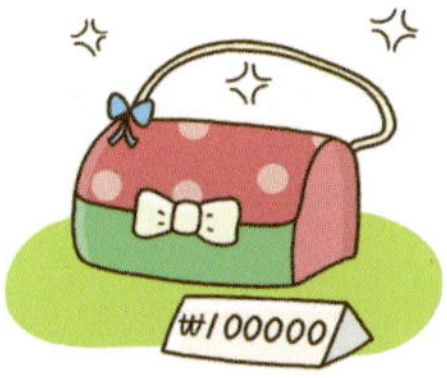 ( )	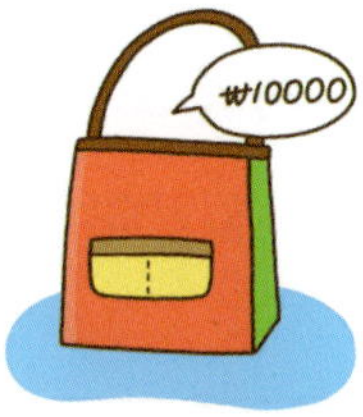 ₩10000 ( )
② 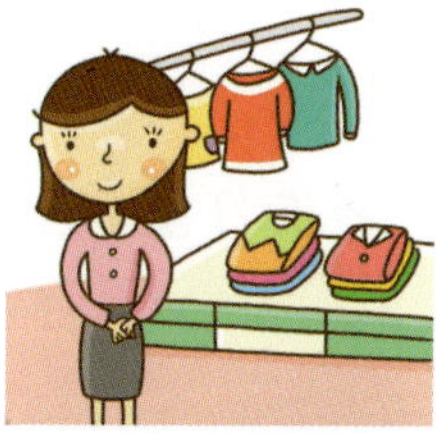 ( )	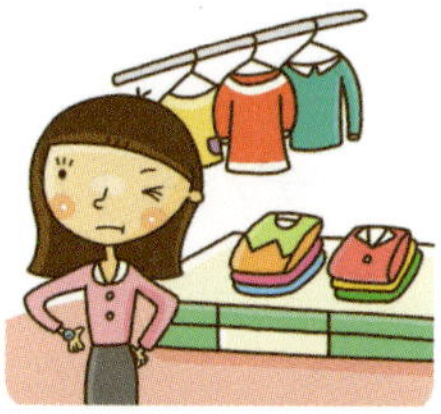 ( )
③ 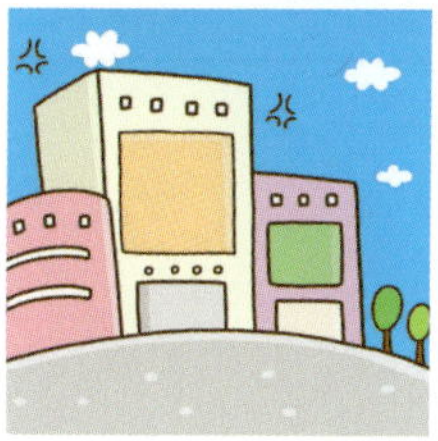 ( )	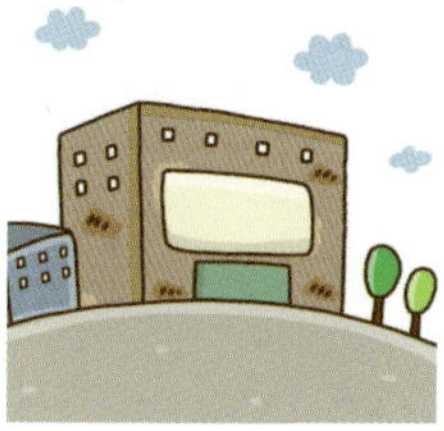 ( )

1 다음 문장을 완성하세요.

① A えいがは ＿＿＿ ＿＿＿ ＿＿＿ ＿＿＿ ＿＿＿ ＿＿＿。

　 B おもしろかったです。

② A みせは どうでしたか。

　 B 安_{やす}かったです＿＿＿ ＿＿＿おいしくありませんでした。

2 다음 단어들을 순서에 맞게 나열하세요.

① けど / おもしろくありませんでした / 本_{ほん}は / 安_{やす}かったです

(책은 쌌지만 재미가 없었습니다)

→ ＿＿＿＿＿＿＿＿＿＿＿＿＿＿＿＿＿＿＿＿

② 安_{やす}かったです / デパートは / けど / しんせつじゃありませんでした / あまり

(백화점은 쌌지만 그다지 친절하지 않았습니다)

→ ＿＿＿＿＿＿＿＿＿＿＿＿＿＿＿＿＿＿＿＿

70

よくできましたか

♥ 한 과를 끝낸 후, 학습에 대해 자기 스스로 평가해 보세요.

항목	질문	よく できました	まあ まあです	もっと がんばろう
낱말	필요한 낱말은 모두 외웠나요?			
읽기	본문 해석이 잘됐나요?			
문법	문법 설명을 이해했나요?			
말하기	막힘없이 대화를 잘했나요?			
듣기	듣고 잘 이해했나요?			
쓰기	틀리지 않고 모두 썼나요?			

ピアノを ひく ことが できますか。

피아노를 칠 수 있습니까?

학습 포인트

취미와 할 수 있는 것을 말해 보아요.

しゅみは 何_{なん}ですか。

本_{ほん}を 読_よむ ことです。

ピアノを ひく ことが できますか。

しゅみ

취미

かんじ

한자

ギター

기타

英語

영어

スキー

스키

スケート

스케이트

うたを うたう

노래를 부르다

かく

쓰다

作る

만들다

♥ 다쿠야와 유미가 서로의 취미에 대해 이야기하고 있어요.

ユミ 　たくやくんの しゅみは 何<ruby>なん</ruby>ですか。

たくや 　本<ruby>ほん</ruby>を 読<ruby>よ</ruby>む ことです。ユミさんは？

ユミ 　わたしは ピアノを ひく ことです。

たくや 　ピアノが 上手<ruby>じょうず</ruby>ですか。

ユミ　　いいえ、今、れんしゅうちゅうです。
　　　　たくやくんは、ピアノを ひく ことが
　　　　できますか。

たくや　いいえ、できません。でも、ギターなら
　　　　ひく ことが できますよ。

ユミ　　わあ、すてきですね。

낱말과 표현		
しゅみ 취미	ひく (악기를) 치다, 켜다	できません 못합니다
何 무엇	上手だ 잘하다	でも 하지만
ですか ~입니까	今 지금	ギター 기타
本 책	れんしゅう 연습	～なら ~라면
読む 읽다	～ちゅう ~중	わあ 와(감탄)
こと 것	～ことができますか	すてきだ 멋있다
ピアノ 피아노	~할 수 있습니까	

01 ｜ しゅみは 何^{なん}ですか。　취미는 무엇입니까?

しゅみ는 '취미'라는 의미이며, 다른 사람에게 취미를 물어볼 때 しゅみは 何^{なん}ですか 라고 합니다.

02 ｜ 本^{ほん}を 読^よむ ことです。　책을 읽는 것입니다.

こと는 '것'이라는 의미로, '~하는 것'이라고 말하고 싶을 때는 こと 앞에 동사의 기본 형을 쓰면 됩니다.

> **ex** A しゅみは 何^{なん}ですか。　　취미는 무엇입니까?
>
> 　　　B おんがくを きく ことです。　음악을 듣는 것입니다.

03 ｜ 今^{いま}、れんしゅうちゅうです。

지금 연습 중입니다.

ちゅう는 앞에 명사를 붙여 '~중'이라는 의미로 사용됩니다.

> **ex** 今^{いま} じゅぎょうちゅうです。　지금 수업 중입니다.
>
> 　　　今^{いま} べんきょうちゅうです。　지금 공부 중입니다.

04 | ピアノを ひく ことが できますか。 피아노를 칠 수 있습니까?

ことが できます는 '~할 수 있습니다'라는 의미이며, 동사 기본형에 붙이면 됩니다.

대답은 할 수 있을 경우는 できます를, 못할 경우는 できません이라고 하면 됩니다.

> **ex**　A　たまねぎを 食べる ことが できますか。 양파를 먹을 수 있습니까?
>
> 　　　B₁　はい、できます。　　　　　　　　　 네, 먹을 수 있습니다.
>
> 　　　B₂　いいえ、できません。　　　　　　　 아니요, 못 먹습니다.

05 | でも、ギターなら ひく ことが できますよ。
하지만 기타라면 칠 수 있습니다.

なら는 '~라면'이라는 의미로, 명사에 붙이면 됩니다.

> **ex**　A　かんじを 読む ことが できますか。 한자를 읽을 수 있습니까?
>
> 　　　B　いいえ、でも カタカナなら 読む ことが できます。
> 　　　　 아니요, 하지만 가타카나라면 읽을 수 있습니다.

06 | わあ、すてきですね。　　　 와, 멋있네요.

わあ는 우리말과 마찬가지로 '와'라는 감탄사입니다.

すてきだ는 '멋있다'라는 의미의 な형용사입니다.

1 보기과 같이 이야기해 보세요.

おんがくを きく

보기

A しゅみは 何^{なん}ですか。

A しゅみは 何ですか。

B おんがくを きく ことです。

❶

うたを うたう

❷

およぐ

❸

ゲームを する

❹

本^{ほん}を 読^よむ

낱말과 표현

しゅみ 취미	うたう (노래를) 부르다	本^{ほん} 책
おんがく 음악	およぐ 수영하다	読^よむ 읽다
きく 듣다	ゲーム 게임	
うた 노래	する 하다	

2 보기와 같이 이야기해 보세요.

보기

A ピアノを ひく ことが できますか。

B₁ はい、できます。

B₂ いいえ、できません。

ピアノを ひく

❶

かんじを 読_よむ

❷

うみで およぐ

❸

日本_{に ほん}の うたを うたう

❹

日本語_{に ほん ご}を 話_{はな}す

ピアノ 피아노	かんじ 한자	日本語_{に ほん ご} 일본어
ひく (악기를) 치다, 켜다	うみ 바다	話_{はな}す 말하다

3 보기와 같이 이야기해 보세요.

보기

A ピアノを ひく ことが できますか。

B いいえ、できません。

でも、ギターなら ひく ことが できます。

ピアノを ひく／ギターなら ひく

❶

英語を 話す／日本語なら 話す

❷

とんかつを 作る／サンドイッチなら 作る

❸

かんじを かく／ひらがななら かく

❹

スキーを する／スケートなら する

낱말과 표현

ギター 기타	作る 만들다	ひらがな 히라가나
英語 영어	サンドイッチ 샌드위치	スキー 스키
とんかつ 돈가스	かく 쓰다	スケート 스케이트

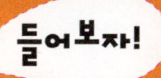

きいてみよう！

1 다음을 듣고 알맞은 것을 고르세요.

(　　)	(　　)	(　　)

2 다음을 듣고 알맞은 것을 고르세요.

できます	できません
① (　　)	(　　)
② (　　)	(　　)
③ (　　)	(　　)

かくにんしょう！

1 다음 그림을 보고 빈 칸에 히라가나를 넣어 보세요.

❶

＿＿＿ ＿＿＿ ＿＿＿ことが できます

❷
＿＿＿ ＿＿＿ ことが できます

❸

＿＿＿ ＿＿＿ ＿＿＿ことが できません

❹

＿＿＿ ＿＿＿ ことが できません

2 다음 문장을 완성하세요.

① A かんじを 読む ことが できますか。

B いいえ、でも カタカナ＿＿＿＿ ＿＿＿＿読む ことが できます。

② A ピアノを ひく ことが できますか。

B いいえ、ひく ことが＿＿＿＿ ＿＿＿＿ ＿＿＿＿ ＿＿＿＿ ＿＿＿＿。

よくできましたか

♥ 한 과를 끝낸 후, 학습에 대해 자기 스스로 평가해 보세요.

항목	질문	よく できました	まあ まあです	もっと がんばろう
낱말	필요한 낱말은 모두 외웠나요?			
읽기	본문 해석이 잘됐나요?			
문법	문법 설명을 이해했나요?			
말하기	막힘없이 대화를 잘했나요?			
듣기	듣고 잘 이해했나요?			
쓰기	틀리지 않고 모두 썼나요?			

どうぞ、たくさん
食_たべて ください。

어서, 많이 드세요.

학습 포인트

다른 사람에게 부탁이나 권유를 해 보아요.

どうぞ、あがって ください。

こちらに すわって ください。

どうぞ、たくさん 食_たべて ください。

おみやげ
선물

ピアノ
피아노

ペン
펜

ダンス
댄스

あがる
오르다

すわる
앉다

しゃしんを とる
사진을 찍다

かす
빌려주다

わらう
웃다

♥ 다쿠야가 유미를 집으로 초대했어요.

たくや　ユミさん、いらっしゃい。

　　　　どうぞ、あがって ください。

ユミ　　おじゃまします。これ、おみやげです。

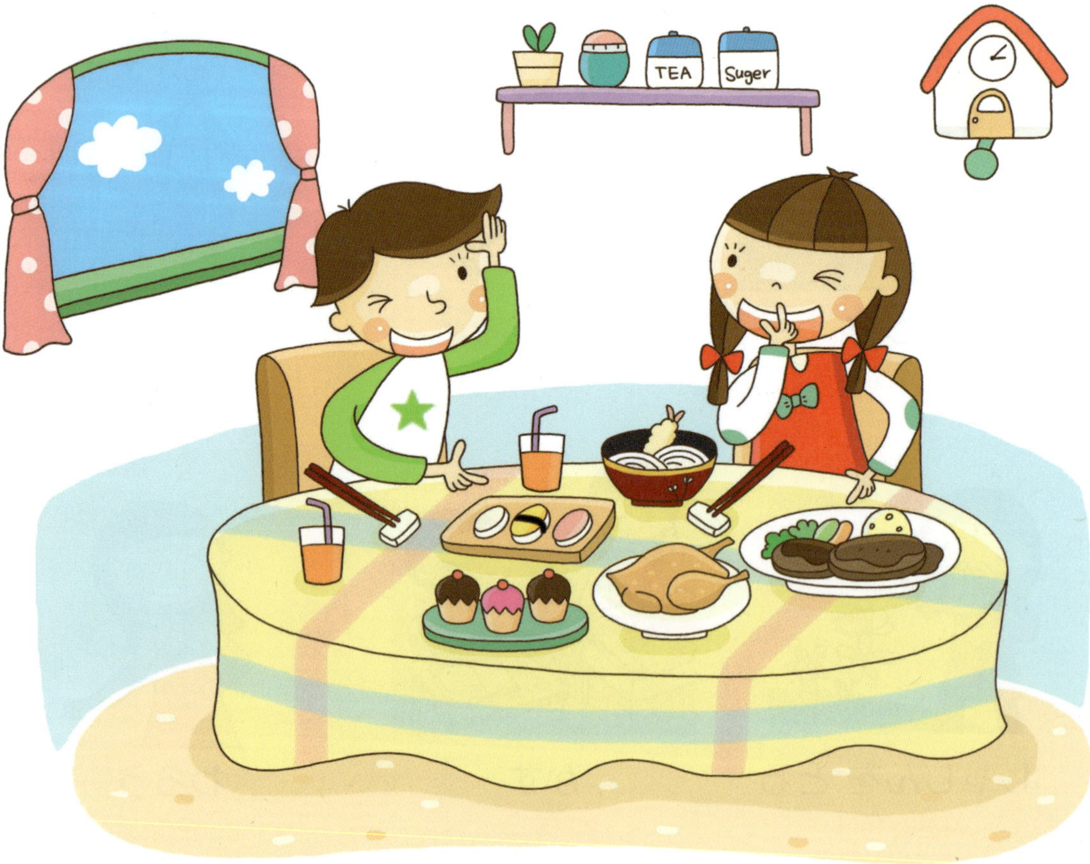

たくや　ありがとうございます。

さ、こちらに すわって ください。

ユミ　わあ、すごい ごちそうですね。

たくや　どうぞ、たくさん 食べて ください。

ユミ　いただきます。

낱말과 표현

いらっしゃい 어서 오세요	おみやげ 선물	すごい 굉장하다
どうぞ 어서	ありがとうございます 감사합니다	ごちそう 진수성찬
あがる 오르다	さ 자	たくさん 많이
〜てください ~해 주세요, 하세요	こちら 이쪽	食べる 먹다
おじゃまします 실례하겠습니다	すわる 앉다	いただきます 잘 먹겠습니다
これ 이것	わあ 와(감탄)	

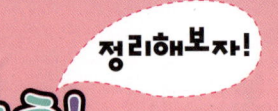

まとめよう！

01 | いらっしゃい。　어서 오세요.

いらっしゃい는 사람을 맞이할 때 쓰는 표현으로, 조금 더 정중하게 표현할 때는 ませ를 붙여서 いらっしゃいませ라고 합니다.

02 | どうぞ、あがって ください。　어서 들어오세요.

あがる는 '올라오다'라는 1그룹 동사로 동사 て형에 〜ください를 붙여서 '올라오세요, 들어오세요'라는 의미로 사용됩니다.

03 | おじゃまします。　실례하겠습니다.

じゃま는 '방해'라는 의미인데, 앞에 존경을 나타내는 お를 붙여 '실례하겠습니다'라는 정중한 표현으로 사용됩니다.

04 | これ、おみやげです。　이거, 선물입니다.

おみやげ는 여행지 등에서 사오는 선물이나 남의 집을 방문할 때의 선물을 의미하며, 생일선물이나 축하선물 등은 プレゼント라고 합니다.

05 | さ、こちらに すわって ください。　자, 이쪽에 앉으세요.

こちら는 '이쪽'이라는 방향을 나타내는 지시어입니다.

이쪽	그쪽	저쪽	어느 쪽
こちら	そちら	あちら	どちら

すわる는 '앉다'라는 1그룹 동사로, 동사의 て형에 〜ください를 붙여서 '앉으세요'라고 썼습니다.

동사의 て형

て형은 연결형으로 '~하고, 해서'라는 의미입니다.

1그룹 동사는 어미에 따라서 각각 변화가 다르기 때문에 주의하시기 바랍니다.

		기본형	て형
1그룹 동사	く ⇒ いて	きく (듣다)	きいて (듣고, 들어서)
	ぐ ⇒ いで	およぐ (수영하다)	およいで (수영하고, 수영해서)
	す ⇒ して	話す (말하다)	話して (말하고, 말해서)
	う、つ、る ⇒ って	会う (만나다)	会って (만나고, 만나)
		まつ (기다리다)	まって (기다리고, 기다려서)
		のる (타다)	のって (타고, 타서)
	ぬ、ぶ、む ⇒ んで	しぬ (죽다)	しんで (죽고, 죽어서)
		あそぶ (놀다)	あそんで (놀고, 놀아서)
		読む (읽다)	読んで (읽고, 읽어서)
	※ 예외!!	行く (가다)	行って (가고, 가서)
2그룹 동사		見る (보다)	見て (보고, 봐서)
		食べる (먹다)	食べて (먹고, 먹어서)
3그룹 동사		来る (오다)	来て (오고, 와서)
		する (하다)	して (하고, 해서)

동사의 て형에 ください를 붙여 '~해 주세요, 하세요'라는 의미로 사용합니다.

> **ex**　ちょっと まって ください。　잠깐 기다려 주세요.
>
> 　こちらを 見て ください。　이쪽을 봐 주세요.

はなしてみよう!

Track 28

1 보기와 같이 이야기해 보세요.

보기

A 本を 読んで ください。

B はい、わかりました。

本を 読む

①

なまえを かく

②

ちょっと、まつ

③

ペンを かす

④

しゃしんを とる

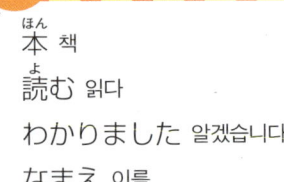
낱말과 표현

本 책	かく 쓰다	かす 빌려주다
読む 읽다	ちょっと 잠깐	しゃしんをとる
わかりました 알겠습니다	まつ 기다리다	사진을 찍다
なまえ 이름	ペン 펜	

2 친구에게 여러 가지 부탁을 해 보세요.

うたを うたう	わらう	しゃしんを とる	なまえを かく
日本語を 話す	本を かす	およぐ	ピアノを ひく
本を 読む	ごはんを 食べる	ジュースを 飲む	ダンスを する

例 **うたを うたって ください** → 노래를 불러 주세요.

♥ 상대방이 부탁을 하면 그것을 동작으로 나타내어 보세요.

낱말과 표현

うたう (노래를) 부르다	ピアノ 피아노	ジュース 주스
わらう 웃다	ひく (악기를) 치다, 켜다	飲む 마시다
話す 말하다	ごはん 밥	ダンス 댄스
およぐ 수영하다	食べる 먹다	する 하다

1 다음 동사들을 '…하고/…해서', '…해 주세요'의 형태로 고쳐 보세요.

1그룹 동사

	～て (~하고/해서)	～て ください (~해 주세요)
かく (쓰다)		
かす (빌려주다)		
飲む (마시다)		
とる (찍다)		

2그룹 동사

見る (보다)		
食べる (먹다)		

3그룹 동사

来る (오다)		
する (하다)		

1 다음을 듣고 히라가나를 넣어 보세요.

① なまえを＿＿＿＿＿＿＿＿＿＿くだ さい。

② しゃしんを＿＿＿＿＿＿＿＿＿くだ さい。

③ ペンを＿＿＿＿＿＿＿＿＿くだ さい。

2 다음을 듣고 알맞은 것을 고르세요.

①

( )　( )　( )

②

( )　( )　( )

1 다음 빈 칸에 들어갈 가타카나를 넣어 보세요.

| | ア | |

| | ー | |

| | ス | |

2 다음의 동사를 '…해 주세요'의 형태로 고쳐 보세요.

①

まえを 見^みる

→ まえを _____ _____ ください。

②

ジュースを 飲^のむ

→ジュースを _____ _____ _____ ください。

③

わらう

→ _____ _____ _____ _____ ください。

④

かす

→ _____ _____ _____ ください。

잘했나요?

よくできましたか

♥ 한 과를 끝낸 후, 학습에 대해 자기 스스로 평가해 보세요.

항목	질문	よく できました	まあ まあです	もっと がんばろう
낱말	필요한 낱말은 모두 외웠나요?			
읽기	본문 해석이 잘됐나요?			
문법	문법 설명을 이해했나요?			
말하기	막힘없이 대화를 잘했나요?			
듣기	듣고 잘 이해했나요?			
쓰기	틀리지 않고 모두 썼나요?			

19

ゲームを
しています。

게임를 하고 있습니다.

학습 포인트

지금 무엇을 하고 있는지 말해 보아요.

ハンバーガーを 食_たべながら 本_{ほん}を 読_よんで います。

ゲームセンターで ゲームを して いますよ。

バイキングに のって いますよ。

ゲームセンター
오락실

バイキング
바이킹

おべんとう
도시락

うちゅうじん
우주인

まつ
기다리다

おくれる
늦다

でんわを かける
전화를 걸다

ねる
자다

プール
수영장

♥ 친구들과 놀이공원에 가는 날, 다쿠야가 약속시간에 늦었어요.

たくや おくれて すみません。

あれ? みんな どこに いますか。

ユミ さくらさんは スナックコーナーで ハンバーガーを 食べながら 本を 読んで います。

たくや けんじくんは?

ユミ　　けんじくんは ゲームセンターで
　　　　ゲームを して いますよ。

たくや　あゆみさんと つよしくんは?

ユミ　　バイキングに のって いますよ。
　　　　でも、もうすぐ みんな 来_きますから、
　　　　ここで まちましょう。

낱말과 표현

おくれる 늦다	食_たべる 먹다	バイキング 바이킹
すみません 미안합니다	～ながら ~하면서	～にのる ~을(를)타다
あれ 어?(놀람)	本_{ほん} 책	もうすぐ 이제 곧
みんな 모두	読_よむ 읽다	来_くる 오다
どこ 어디	～ています ~하고 있습니다	～から ~이기 때문에, ~이니까
います 있습니다	ゲームセンター 오락실	ここ 여기
スナックコーナー 스낵코너	ゲーム 게임	まつ 기다리다
ハンバーガー 햄버거	～と ~와, 하고, 랑	～ましょう ~합시다

01 | おくれて すみません。   늦어서 죄송합니다.

おくれる는 '늦다'라는 동사로 て형으로 바꾸면 '늦고, 늦어서'라는 의미가 됩니다. すみません은 '미안합니다'라는 의미이며, 같은 뜻으로 ごめんなさい가 있지만 すみません 쪽이 더 정중한 표현입니다. 친구에게 말할 때는 ごめん이라고 하면 됩니다.

02 | あれ? みんな どこに いますか。   어? 모두 어디에 있습니까?

あれ는 상권에서 '저것'이라는 지시어로 배웠지만, 여기서는 놀랐을 때 쓰는 '어?'라는 표현입니다. '있습니다'는 あります와 います 두 가지가 있는데, 사람과 동물을 나타낼 때는 います를 씁니다.

03 | スナックコーナーで ハンバーガーを 食べながら
스낵코너에서 햄버거를 먹으면서

ながら는 '~하면서'라는 의미로 동사 ます형에 연결합니다.

> **ex** ごはんを 食べながら、テレビを 見ます。
> 밥을 먹으면서 텔레비전을 봅니다.
>
> ジュースを 飲みながら、友だちと 話して います。
> 주스를 마시면서 친구와 이야기하고 있습니다.

04 | 本を 読んで います. 책을 읽고 있습니다.
ほん よ

동사의 て형에 います를 붙이면 '~하고 있습니다'라는 현재 진행형이 됩니다.

동사	~て(~하고,~해서)	~て います(~하고 있습니다)
かく(쓰다)	かいて(쓰고, 써서)	かいて います(쓰고 있습니다)
話す(말하다) はな	話して(말하고, 말해서) はな	話して います(말하고 있습니다) はな
うたう(노래하다)	うたって (노래하고, 노래해서)	うたって います(노래하고 있습니다)
あそぶ(놀다)	あそんで(놀고, 놀아서)	あそんで います(놀고 있습니다)
ねる(자다)	ねて(자고, 자서)	ねて います(자고 있습니다)
する(하다)	して(하고, 해서)	して います(하고 있습니다)

ex 田中さんは 先生と 話して います.
た なか   せんせい   はな
다나카 씨는 선생님과 이야기하고 있습니다.

友だちは プールで およいで います.
とも
친구는 수영장에서 수영하고 있습니다.

1 보기와 같이 이야기해 보세요.

보기

A チェさんは 何を して いますか。

B 本を 読んで います。

❶ ユンさん　❷ キムさん　❸ パクさん

❹ なかむらさん　❺ さとうさん　❻ アミさん

うたを うたう ／ 友だちと 話す ／ おべんとうを 食べる
おんがくを きく ／ ねる ／ でんわを かける

本 책	友だち 친구	おんがく 음악
読む 읽다	話す 말하다	きく 듣다
うた 노래	おべんとう 도시락	ねる 자다
うたう (노래를) 부르다	食べる 먹다	でんわをかける 전화를 걸다

102

2 보기와 같이 이야기해 보세요.

보기

A うちゅうじんは べんきょうを しながら 何^{なに}を
　していますか。

B べんきょうを しながら おんがくを きいて います。

❶ でんわを かける　　　❷ ジュースを 飲^のむ　　　❸ ねこと あそぶ

うちゅうじん 우주인　　　ジュース 주스　　　ねこ 고양이
べんきょう 공부　　　　飲^のむ 마시다　　　あそぶ 놀다

들어보자!

Track 33

1 다음을 듣고 누가 무엇을 하고 있는지 괄호 안에 번호를 넣으세요.

보기

보기　ジナさん

① パクさん　　② たくやくん

③ ユミさん　　④ よしおくん

⑤ キムさん　　⑥ なかむらくん

1 다음 빈 칸에 들어갈 조사를 넣어 보세요.

①

②

おんがく＿＿＿＿＿きいて います　　　うみ＿＿＿＿＿およいで います

2 다음 그림을 보고 문장을 완성하세요.

①

べんきょうを＿＿＿ ＿＿＿ ＿＿＿ ＿＿＿

おんがくを きいて います。

②

べんきょうを＿＿＿ ＿＿＿ ＿＿＿ ＿＿＿

いぬと ＿＿＿ ＿＿＿ ＿＿＿ で います。

よくできましたか

♥ 한 과를 끝낸 후, 학습에 대해 자기 스스로 평가해 보세요.

항목	질문	よく できました	まあ まあです	もっと がんばろう
낱말	필요한 낱말은 모두 외웠나요?			
읽기	본문 해석이 잘됐나요?			
문법	문법 설명을 이해했나요?			
말하기	막힘없이 대화를 잘했나요?			
듣기	듣고 잘 이해했나요?			
쓰기	틀리지 않고 모두 썼나요?			

놀아보자!

♣ 게임 방법

한 팀당 3명씩 그룹을 만듭니다.

문제를 내는 사람 한 사람, 맞추는 사람을 두 사람씩 각각 역할을 정합니다.

뒤에 부록에 있는 동사카드를 문제 내는 사람이 보고, 동작으로 표현합니다.

그것을 나머지 두 사람이 보고 어떤 동사를 나타내는 것인지 맞춥니다.

각 팀별로 시간을 재면서 어느 팀이 더 빨리 맞추는지 겨루는 게임입니다.

20

韓国（かんこく）に 行（い）った ことが ありますか。

한국에 간 적이 있습니까?

학습 포인트

과거에 무엇을 한 적이 있는지 말해 보아요.

韓国（かんこく）に 行（い）った ことが ありますか。

まだ 行（い）った ことが ありません。

夏休み
なつやす

여름방학

ひこうき

비행기

がっこう

학교

りょうり

요리

げいのうじん

연예인

休む
やす

쉬다

～に のる

～에 타다

かえる

(집에) 돌아가다

けんかを する

싸움을 하다

읽어보자!

よんでみよう!

Track 35

♥ 다쿠야와 유미가 여름방학에 무엇을 할지 이야기하고 있어요.

たくや　ユミ さんは、夏休みは 何を しますか。

ユミ　　わたしは 韓国に かえります。

たくや　そうですか、いいですね。

ユミ　　たくやくんは 韓国に 行った ことが
　　　　　ありますか。

たくや　いいえ、まだ 行った ことが ありません。
　　　　でも、ぜひ 行きたいです。

ユミ　　じゃ、来年の 夏休みには ぜひ 来て
　　　　ください。

たくや　はい、おいしい 韓国りょうりが
　　　　食べたいです。

夏休み 여름방학　　　　いいですね 좋겠네요　　　　ぜひ 꼭
何を 무엇을　　　　　　行く 가다　　　　　　　　～たい ~하고 싶다
する 하다　　　　　　　～たことがありますか　　来年 내년
韓国 한국　　　　　　　~한 적이 있습니까　　　　来る 오다
～に ~에　　　　　　　まだ 아직　　　　　　　　おいしい 맛있다
かえる (집에) 돌아가다　ありません 없습니다　　りょうり 요리
そうですか 그렇습니까　でも 그러나　　　　　　食べる 먹다

まとめよう!

01 | 夏休みは 何を しますか。

여름방학에는 무엇을 할 겁니까?

夏休み는 '여름방학'이라는 의미이며, '겨울방학'은 冬休み, '봄방학'은 春休み라고 합니다. ～ます는 '～합니다' 외에도, 미래를 나타내는 '～할 것입니다', 의지를 나타내는 '～하겠습니다'라는 의미를 가지고 있습니다.

02 | 韓国に 行った ことが ありますか。   한국에 간 적이 있습니까?

～たことが あります는 과거에 '～한 적이 있습니다'라는 의미로 동사의 た형(과거형)에 붙여서 사용합니다. '～한 적이 있습니까?'라고 물어보면 '～한 적이'를 생략하고 '있습니다'와 '없습니다'로도 대답할 수 있습니다.

> **ex** A 日本人と 話した ことが ありますか。 일본인과 얘기한 적이 있습니까?
>
> B₁ はい、(話した ことが) あります。   네, (얘기한 적이) 있습니다.
>
> B₂ いいえ、(話した ことが) ありません。 아니요, (얘기한 적이) 없습니다.

03 | でも、ぜひ 行きたいです。   하지만, 꼭 가고 싶습니다.

ぜひ는 '꼭, 반드시'라는 의미이며 '～하고 싶다'라는 たい나 '～하세요'라는 ください와 함께 많이 쓰입니다.

> **ex** 田中さんに ぜひ 会いたいです。   다나카 씨를 꼭 만나고 싶습니다.
>
> 日本の えいがを ぜひ 見て ください。 일본 영화를 꼭 보세요.

동사의 た형

동사의 た형은 '~했다'라는 과거형이며, 동사 변화는 て형과 같으며 て형에서 て를 빼고 た를 붙여주면 됩니다.

		기본형	た형
1 그룹 동사	く ⇒ いた	かく (쓰다)	かいた (썼다)
	ぐ ⇒ いだ	およぐ (수영하다)	およいだ (수영했다)
	す ⇒ した	話す (말하다)	話した (말했다)
	う、つ、る ⇒ った	かう (사다)	かった (샀다)
		まつ (기다리다)	まった (기다렸다)
		とる (찍다)	とった (찍었다)
	ぬ、ぶ、む ⇒ んだ	しぬ (죽다)	しんだ (죽었다)
		あそぶ (놀다)	あそんだ (놀았다)
		休む (쉬다)	休んだ (쉬었다)
	※ 예외!!	行く (가다)	行った (갔다)
2 그룹 동사		食べる (먹다)	食べた (먹었다)
		ねる (자다)	ねた (잤다)
3 그룹 동사		来る (오다)	来た (왔다)
		する (하다)	した (했다)

동사의 た형에 ～ことが あります를 붙여서 '~한 적이 있습니다'라는 의미가 됩니다.

ex) がっこうを 休んだ ことが あります。학교를 쉰 적이 있습니다.

日本人と しゃしんを とった ことが ありません。
일본인과 사진을 찍은 적이 없습니다.

1 보기와 같이 이야기해 보세요.

うみで およぐ

보기

A　うみで およいだ ことが ありますか。

B₁　はい、およいだ ことが あります。

B₂　いいえ、およいだ ことが ありません。

①

ひこうきに のる

②

りょうりを 作る

③

がっこうを 休む

④

友だちと けんかを する

낱말과 표현

うみ 바다	りょうり 요리	友だち 친구
およぐ 수영하다	作る 만들다	けんか 싸움
ひこうき 비행기	がっこう 학교	〜を 〜을(를)
〜にのる 〜를(을) 타다	休む 쉬다	する 하다

2 보기와 같이 이야기해 보세요.

보기

A 日本人と 話した ことが ありますか。

B いいえ、ありません。

　でも、ぜひ 話したいです。

日本人と 話す/話したい

 ❶

りょうりを 作る
/作りたい

❷

日本の えいがを 見る
/ 見たい

❸

日本に 行く
/行きたい

❹

げいのうじんに 会う
/会いたい

낱말과 표현

話す 말하다	えいが 영화	行く 가다
ぜひ 꼭	見る 보다	げいのうじん 연예인
～たい ~하고 싶다	日本 일본	～に 会う ~을(를) 만나다

써보자!

かいてみよう!

1 다음 동사들을 '…했다', '…한 적이 있습니다'의 형태로 고쳐 보세요.

1그룹 동사

	~た (~했다)	~た ことが あります (~한 적이 있습니다)
休む (쉬다)		
行く (가다)		
およぐ (수영하다)		
あそぶ (놀다)		

2그룹 동사

見る (보다)		
食べる (먹다)		

3그룹 동사

来る (오다)		
する (하다)		

きいてみよう！

1 다음을 듣고 히라가나를 넣어 보세요.

① 日本人（にほんじん）と ＿＿＿＿＿＿＿＿＿＿＿＿＿＿＿＿ことが ありますか。

② いいえ、見（み）た ことが ＿＿＿＿＿＿＿＿＿＿＿＿＿。

③ ＿＿＿＿＿＿＿＿＿＿ 会（あ）いたいです。

2 다음을 듣고 알맞은 것을 고르세요.

はい	いいえ
예 （ ✓ ）	（ ）
① （ ）	（ ）
② （ ）	（ ）
③ （ ）	（ ）

かくにんしょう！

1 다음 그림을 보고 빈 칸에 히라가나를 넣어 보세요.

❶

＿＿ ＿＿ ＿＿ ＿＿ことが あります

❷

＿＿ ＿＿ ＿＿ことが あります

❸

＿＿ ＿＿ ＿＿ことが あります

❹

＿＿ ＿＿ ＿＿ことが あります

2 다음 문장을 완성하세요.

①　A　日本の えいがを＿＿ ＿＿ ＿＿ ＿＿が ありますか。

　　B　いいえ、ありません。でも＿＿ ＿＿見たいです。

②　　友だちと けんかを＿＿ ＿＿ ＿＿ ＿＿が ありません。

よくできましたか

♥ 한 과를 끝낸 후, 학습에 대해 자기 스스로 평가해 보세요.

항목	질문	よく できました	まあ まあです	もっと がんばろう
낱말	필요한 낱말은 모두 외웠나요?			
읽기	본문 해석이 잘됐나요?			
문법	문법 설명을 이해했나요?			
말하기	막힘없이 대화를 잘했나요?			
듣기	듣고 잘 이해했나요?			
쓰기	틀리지 않고 모두 썼나요?			

きょうかしょを 見_みたら どうですか。

교과서를 보는 것이 어떻습니까?

친구에게 충고와 제안을 해 보아요.

きょうかしょを 見_みたら どうですか。

先生_{せんせい}に きいた ほうが いいですね。

おぼえよう!

외워보자!

Track 38

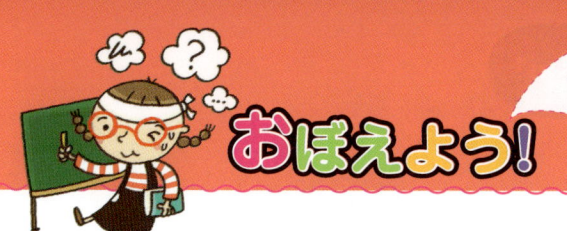

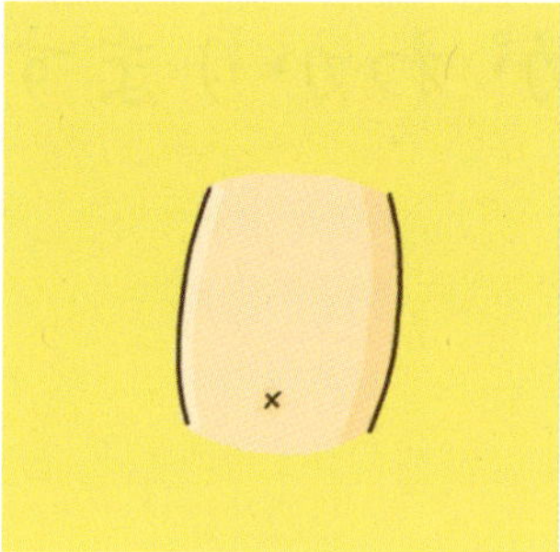

おなか
배

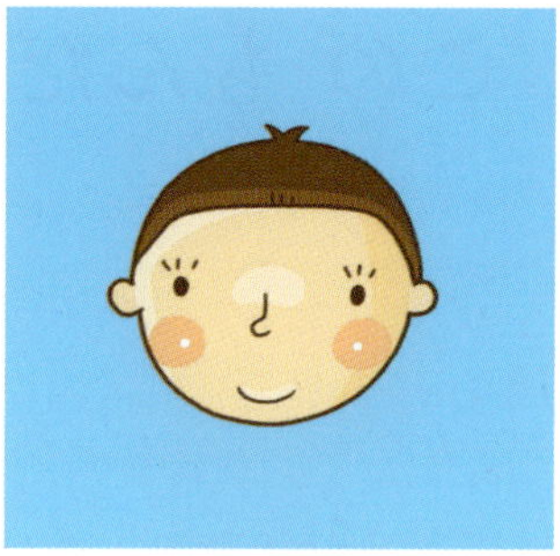

あたま
머리

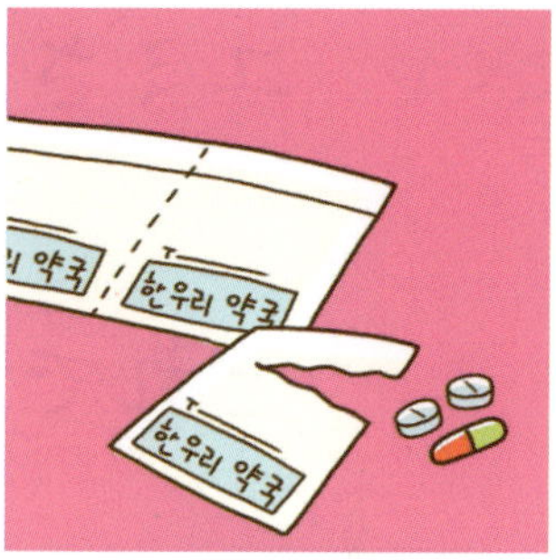

くすり
약

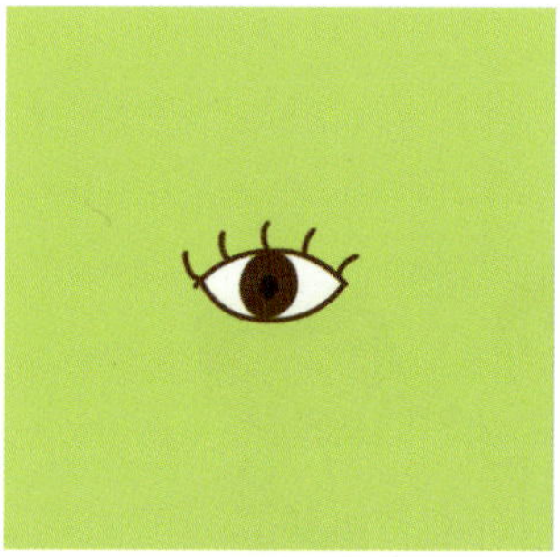

め
눈

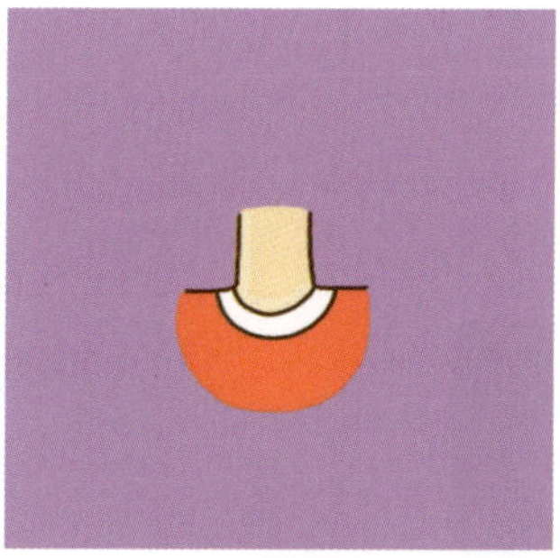

のど
목

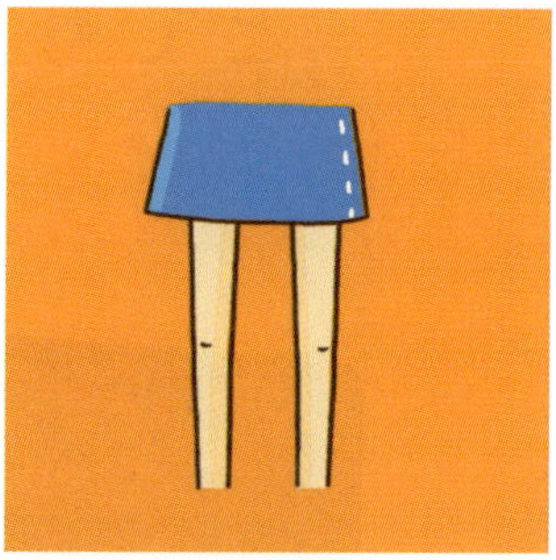

あし
다리

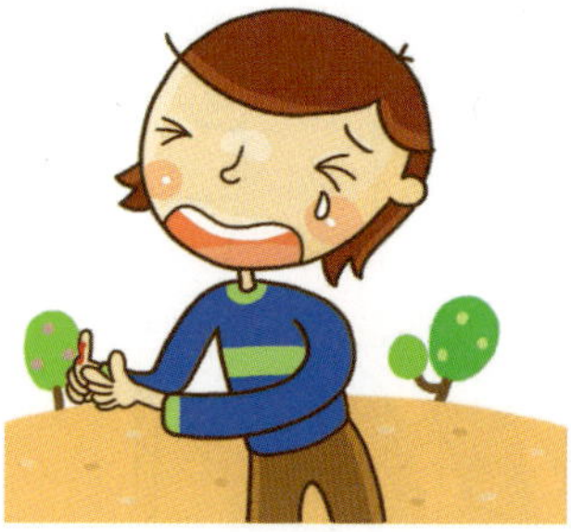

いたい
아프다

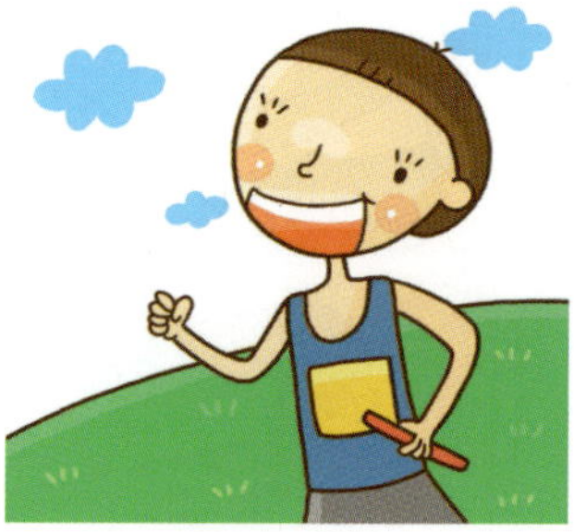

はしる
달리다

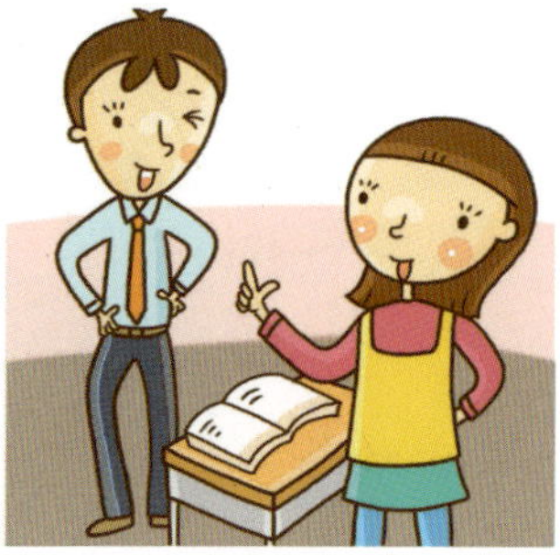

きく
묻다

♥ 다쿠야와 유미가 교실에서 공부를 하고 있어요.

たくや　ユミさん、この もんだいが わかりますか。

ユミ　　どれですか。

たくや　すうがくの ３ばんの もんだいです。
　　　　とても むずかしいんです。

ユミ　うーん、私<ruby>私<rt>わたし</rt></ruby>にも わかりません。

きょうかしょを <ruby>見<rt>み</rt></ruby>たら どうですか。

たくや　きょうかしょにも ありませんでした。

ユミ　じゃ、<ruby>先生<rt>せんせい</rt></ruby>に きいた ほうが いいですね。

 낱말과 표현

この 이	むずかしい 어렵다	ある 있다
もんだい 문제	うーん 음	じゃ 그럼
〜がわかる ~을 알다, 이해하다	〜にも ~(라)도	先生<ruby>先生<rt>せんせい</rt></ruby> 선생님
どれ 어느 것	きょうかしょ 교과서	〜に ~에게, 한테
すうがく 수학	〜を ~을(를)	きく 묻다
〜ばん ~번	<ruby>見<rt>み</rt></ruby>る 보다	〜たほうがいいです ~하는 편이 좋습니다
もんだい 문제	〜たらどうですか ~하는 것이 어떻습니까	
とても 아주, 매우		

まとめよう!

01 | この もんだいが わかりますか。　이 문제를 알겠습니까?

わかる는 '알다, 이해하다'라는 의미의 1그룹 동사인데, 우리말로는 앞에 조사가 '~을
(를)'이 오지만 일본어에서는 が가 옵니다.

> **ex** 英語が すこし わかります。　　　영어를 조금 압니다.
>
> 先生の話が ぜんぜん わかりません。　선생님 얘기를 전혀 모르겠습니다.

02 | とても むずかしいんです。　아주 어려워요.

~んです는 이유를 묻거나 대답할 때, 또는 강조하고 싶을 때 쓰는 표현으로 い형용
사의 기본형에 붙이면 됩니다.

> **ex** A どうしたんですか。　　　왜 그러세요?
>
> B あたまが いたいんです。　머리가 아파서 그래요.

03 | きょうかしょを 見たら どうですか。　교과서를 보는 것이 어떻습니까?

동사 た형에 ら를 붙이면 '~하면'이라는 표현이 됩니다. 그 뒤에 どうですか(어떻습
니까?)를 붙여 '~하는 것이 어떻습니까?'라는 의미가 됩니다.

기본형	~たら (~하면)	~たら どうですか (~하는 것이 어떻습니까)
かく (쓰다)	かいたら (쓰면)	かいたら どうですか (쓰는것이 어떻습니까)
かす (빌려주다)	かしたら (빌려주면)	かしたら どうですか (빌려주는 것이 어떻습니까)
まつ (기다리다)	まったら (기다리면)	まったら どうですか (기다리는 것이 어떻습니까)
食べる (먹다)	食べたら (먹으면)	食べたら どうですか (먹는 것이 어떻습니까)
する (하다)	したら (하면)	したら どうですか (하는 것이 어떻습니까)

ex A 鈴木さんの プレゼント、何が いいですか。

스즈키 씨 선물 뭐가 좋을까요?

B さいふを 買ったら どうですか。 지갑을 사는 것이 어떻습니까?

---

04 | じゃ、先生に きいた ほうが いいですね。

그럼, 선생님에게 물어보는 편이 좋겠네요.

동사 た형에 ほうが いいです를 붙여 '~하는 편이 좋습니다'라는 의미로 사용됩니다.

기본형	~た(~했다)	~た ほうが いいです (~하는 편이 좋습니다)
きく(묻다)	きいた(물었다)	きいた ほうが いいです (묻는 편이 좋습니다)
話す(말하다)	話した(말했다)	話した ほうが いいです (말하는 편이 좋습니다)
読む(읽다)	読んだ(읽었다)	読んだ ほうが いいです (읽는 편이 좋습니다)
見る(보다)	見た(봤다)	見た ほうが いいです (보는 편이 좋습니다)
する(하다)	した(했다)	した ほうが いいです (하는 편이 좋습니다)

ex すこし 休んだ ほうが いいですよ。 조금 쉬는 편이 좋습니다.

先生に 話した ほうが いいですよ。 선생님에게 말하는 편이 좋습니다.

1 보기와 같이 이야기해 보세요.

보기

A　この もんだいが わかりません。

B　きょうかしょを 見たら どうですか。

この もんだいが わかりません／きょうかしょを 見る

① もんだいが わかりません／先生に きく

② おなかが ペコペコです／ごはんを 食べる

③ おそく おきました／はしる

④ 友だちと けんかを しました／でんわを する

낱말과 표현

この 이	おなか 배	おきる 일어나다
もんだい 문제	ペコペコ 배가 몹시 고픈 모양	はしる 뛰다, 달리다
わかりません 모르겠습니다	ごはん 밥	友だち 친구
きょうかしょ 교과서	食べる 먹다	けんかをする 싸우다
きく 묻다	おそく 늦게	でんわをする 전화하다

2 보기와 같이 이야기해 보세요.

보기

A どうしたんですか。

B あたまが いたいんです。

A じゃ、はやく かえった ほうが いいですよ。

あたまが いたい / はやく かえる

❶

おなかが いたい / トイレに 行く

❷

めが いたい / 休む

❸

のどが いたい / くすりを 飲む

❹

あしが いたい / すわる

どうしたんですか 왜 그러세요	かえる 돌아가다	のど 목
あたま 머리	トイレ 화장실	くすりを飲む
いたい 아프다	行く 가다	약을 먹다
じゃ 그럼	め 눈	あし 발, 다리
はやく 빨리	休む 쉬다	すわる 앉다

きいてみよう！

1 다음을 듣고 히라가나를 넣어 보세요.

① あたまが＿＿＿＿＿＿＿＿＿＿＿んです。

② じゃ、＿＿＿＿＿＿＿＿＿＿ ほうが いいですよ。

2 다음을 듣고 알맞은 것을 고르세요.

①
( )　　　( )　　　( )

②
( )　　　( )　　　( )

かくにんしょう！

1 다음 그림을 보고 빈 칸에 들어갈 말을 넣어 보세요.

❶

_____んです

❷

_____んです

2 다음 문장을 히라가나로 완성하세요.

① A のどが いたいんです。

   B みずを のん_____ _____どうですか。

② A あしが いたいんです。

   B すわった_____ _____がいいですよ。

③ A あたまが いたいんです。

   B うちで_____ ____ _____ _____ _____どうですか。

④ A おなかが いたいんです。

   B トイレに_____ ____ _____ _____ _____がいいですよ。

よくできましたか

♥ 한 과를 끝낸 후, 학습에 대해 자기 스스로 평가해 보세요.

항목	질문	よく できました	まあ まあです	もっと がんばろう
낱말	필요한 낱말은 모두 외웠나요?			
읽기	본문 해석이 잘됐나요?			
문법	문법 설명을 이해했나요?			
말하기	막힘없이 대화를 잘했나요?			
듣기	듣고 잘 이해했나요?			
쓰기	틀리지 않고 모두 썼나요?			

알아두자!

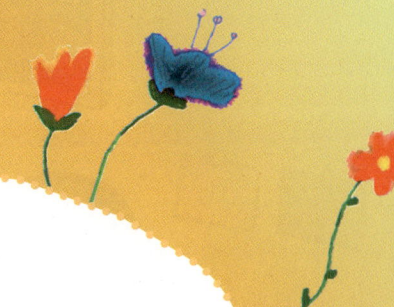

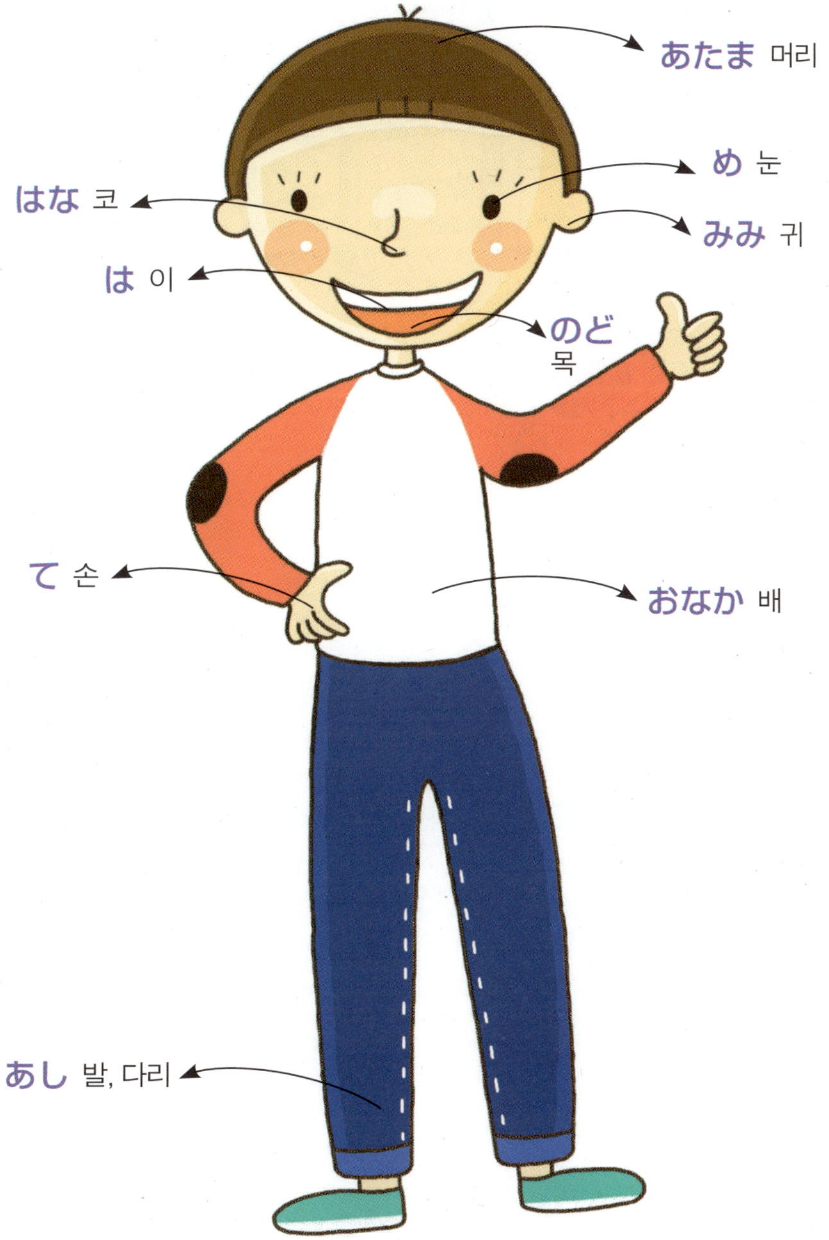
あたま 머리
め 눈
はな 코
みみ 귀
は 이
のど
목
て 손
おなか 배
あし 발, 다리

22

心配しないで ください。
しん ぱい

걱정하지 마세요.

학습 포인트

친구에게 부정형으로 충고와 권유를 해 보아요.

さわらない ほうが いいですよ。
心配しないで ください。
しんぱい

かいだん
계단

ほけんしつ
양호실

ぎゅうにゅう
우유

おかし
과자

ころぶ
넘어지다

さわる
만지다

むりを する
무리하다

おしゃべりを する
수다를 떨다

心配する
しんぱい
걱정하다

💜 다쿠야가 다리를 다쳤어요.

ユミ　　たくやくん、どうしたんですか。

たくや　かいだんで ころんで、あしが いたいんです。

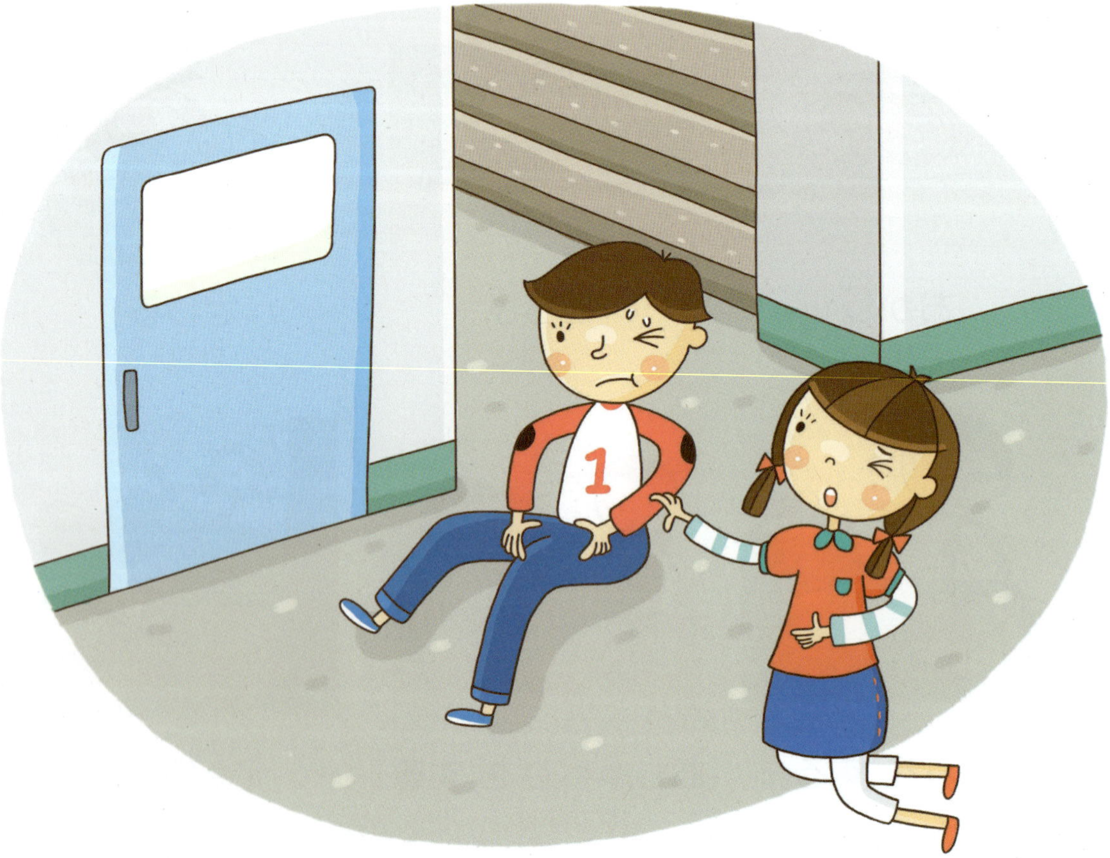

ユミ　　さわらない ほうが いいですよ。
　　　　すぐ ほけんしつに 行^いきましょう。

たくや　これくらい、大丈夫^{だいじょうぶ}ですよ。
　　　　心配^{しんぱい}しないで ください。

ユミ　　これからは 気^きを つけて ください。

 낱말과 표현

どうしたんですか 왜 그러세요	〜ないほうがいいです ~하지 않는 편이 좋습니다	心配^{しんぱい}する 걱정하다
かいだん 계단	すぐ 금방, 곧, 바로	〜ないでください ~하지 마세요, 하지 말아주세요
〜で ~에서	ほけんしつ 양호실	これから 앞으로
ころぶ 넘어지다	行^いく 가다	気^きをつける 조심하다
あし 발, 다리	これくらい 이 정도	〜てください ~해 주세요, 하세요
いたい 아프다	大丈夫^{だいじょうぶ}だ 괜찮다	
さわる 만지다		

まとめよう！

01 | どうしたんですか。　왜 그러세요?

どうしたんですか는 '왜 그러세요?', '무슨 일이에요?'라는 의미로 이유를 물어볼 때 쓰는 표현입니다.

02 | かいだんで ころんで、あしが いたいんです。

계단에서 넘어져서, 다리가 아파요.

ころぶ는 '넘어지다'라는 의미의 동사로, て형으로 활용하여 '넘어져서'라는 의미로 쓰였습니다.

03 | さわらない ほうが いいですよ。　만지지 않는 편이 좋습니다.

さわる는 '만지다'라는 의미의 1그룹 동사이고, 동사의 ない형에 ～ほうが いいです를 붙이면 '～하지 않는 편이 좋습니다'라는 표현이 됩니다.

04 | 心配しないで ください。　걱정하지 마세요.

동사의 ない형에 ～で ください를 붙이면 '～하지 마세요'라는 표현이 됩니다.

05 | これからは 気を つけて ください。　앞으로는 조심하세요.

これからは '앞으로, 지금부터'라는 의미이며, 気を つける는 '조심하다'라는 관용구입니다. 일본어에서는 気가 들어간 관용구가 많기 때문에 외우실 때 주의해야 합니다.

> **ex** 気に 入る(맘에 들다)、 気に する(신경 쓰다)、
> 気が 合う(마음이 맞다)……

동사의 ない형

		기본형	ない형
1 그룹 동사	어미 **あ**단 + **ない**	行く (가다)	行**か**ない (가지 않다)
		話す (말하다)	話**さ**ない (말하지 않다)
		まつ (기다리다)	ま**た**ない (기다리지 않다)
		しぬ (죽다)	し**な**ない (죽지 않다)
		あそぶ (놀다)	あそ**ば**ない (놀지 않다)
		休む (쉬다)	休**ま**ない (쉬지 않다)
		とる (찍다)	と**ら**ない (찍지 않다)
	(예외 : **う ⇒ わ**)	買う (사다)	買**わ**ない (사지 않다)
2 그룹 동사	어미 **る** + **ない**	見る (보다)	見ない (보지 않다)
		ねる (자다)	ねない (자지 않다)
3 그룹 동사		来る (오다)	来ない (오지 않다)
		する (하다)	しない (하지 않다)

① 동사 ない형에 ~で ください를 붙이면 '~하지 마세요'라는 의미가 됩니다.

> **ex**　がっこうを 休ま**ないで** ください。　학교를 쉬지 마세요.
>
> 　　ろうかを はしら**ないで** ください。　복도를 뛰지 마세요.

② 동사 ない형에 ~ほうが いいです를 붙이면 '~하지 않는 편이 좋습니다'라는 의미가 됩니다.

> **ex**　テレビを 見**ない ほうが いいです**よ。텔레비전을 보지 않는 편이 좋습니다.
>
> 　　じゅぎょうちゅうに 話さ**ない ほうが いいです**よ。
>
> 　　수업 중에 말하지 않는 편이 좋습니다.

1 보기와 같이 이야기해 보세요.

보기

A どうしたんですか。

B おなかが いたいんです。

A じゃ、ぎゅうにゅうを 飲まない
ほうが いいですよ。

おなかが いたい/ぎゅうにゅうを 飲む

①

あたまが いたい/むりを する

②

めが いたい/本を 読む

③

のどが いたい/話す

④

あしが いたい/サッカーを する

おなか 배	むりを する 무리를 하다	話す 말하다
いたい 아프다	め 눈	あし 발, 다리
ぎゅうにゅう 우유	本 책	サッカー 축구
飲む 마시다	読む 읽다	する 하다
あたま 머리	のど 목	

138

2 보기와 같이 이야기해 보세요.

보기

A としょかんで おかしを 食^たべないで ください。

B はい、すみません。

❶ ねる　　❷ おしゃべりを する　　❸ はしる　　❹ うたを うたう

낱말과 표현

としょかん 도서관	すみません 미안합니다	はしる 뛰다, 달리다
おかし 과자	ねる 자다	うた 노래
食^たべる 먹다	おしゃべりを する 수다를 떨다	うたう (노래를) 부르다

써보자!

1 다음 동사들을 '…하지 않다', '…하지 마세요'의 형태로 고쳐 보세요.

1그룹 동사

	～ない (~하지 않다)	～ないで ください (~하지 마세요)
話す (말하다)		
うたう (노래하다)		
飲む (마시다)		
はしる (달리다)		

2그룹 동사

ねる (자다)		
食べる (먹다)		

3그룹 동사

来る (오다)		
する (하다)		

きいてみよう!

1 다음을 듣고 해당하는 번호를 괄호 안에 넣으세요.

1 다음 증상과 조언을 알맞게 연결하세요.

① あしが いたいんです。　・

② おなかが いたいんです。・

③ のどが いたいんです。　・

④ めが いたいんです。　　・

・　話さない ほうが いいです。

・　ぎゅうにゅうを 飲まない ほうが
　いいです。

・　テレビを 見ない ほうが いいです。

・　はしらない ほうが いいです。

2 다음 그림을 보고 문장을 완성하세요.

①
　　としょかんで＿＿＿＿＿＿＿ないで ください。

②
　　としょかんで＿＿＿＿＿＿＿ないで ください。

③
　　としょかんで＿＿＿＿＿＿＿ないで ください。

よくできましたか

♥ 한 과를 끝낸 후, 학습에 대해 자기 스스로 평가해 보세요.

항목	질문	よくできました	まあまあです	もっとがんばろう
낱말	필요한 낱말은 모두 외웠나요?			
읽기	본문 해석이 잘됐나요?			
문법	문법 설명을 이해했나요?			
말하기	막힘없이 대화를 잘했나요?			
듣기	듣고 잘 이해했나요?			
쓰기	틀리지 않고 모두 썼나요?			

정답&듣기 스크립트

정답

12과

[써보자] 1그룹 동사

	～ます (～합니다)	～ません (～하지 않습니다)
読(よ)む	読(よ)みます	読(よ)みません
話(はな)す	話(はな)します	話(はな)しません
きく	ききます	ききません
あそぶ	あそびます	あそびません

2그룹 동사

見(み)る	見(み)ます	見(み)ません
食(た)べる	食(た)べます	食(た)べません

3그룹 동사

来(く)る	来(き)ます	来(き)ません
する	します	しません

|들어보자| 　1　① よみますか　　② よみません
　　　　　　　　　③ ときどき

　　　　　　2　예 やまだくん ・

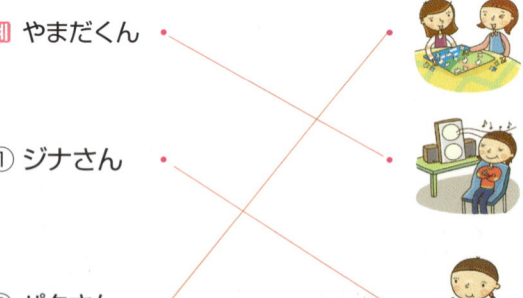

　　　　　　　　① ジナさん ・

　　　　　　　　② パクさん ・

　　　　　　　　③ よしおくん ・

|확인하자| 1 ① ピザ ② ゲーム

2 ① あまり ② ぜんぜん ③ ときどき

 13과

|들어보자| 1 ① あそびませんか ② しましょう ③ どうですか

2

	はい	いいえ
①	( )	(✔)
②	(✔)	( )
③	(✔)	( )

|확인하자| 1 ① ケーキ ② ハンバーガー ③ ノート

2 ① しましょう ② かえりましょう
③ ききましょう

 14과

|들어보자| 1 ① なにが ② どこに
③ ゆうえんち

2　例 キムさん ●　　　　●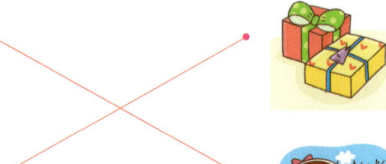

① よしおくん ●　　　　●

② パクさん ●────────●

③ まさみさん ●────────●

|확인하자| **1**　① プレゼント　② デジカメ　③ パソコン

2　① ほしい　② 食(た)べたい　③ のりたい

|들어보자| **1**

	はい	いいえ
①	(　　　)	(　✓　)
②	(　　　)	(　✓　)
③	(　✓　)	(　　　)

148

2 ①

(✓)

②

(✓)

|확인하자| **1** ① ききました　　② あらいました　　③ あそびました

2 ① 見(み)ませんでした
② 行(い)きました
③ まだ

[써보자] い형용사

	～かったです (～했습니다)	～くありませんでした (～지 않았습니다)
おもしろい	おもしろかったです	おもしろくありませんでした
おいしい	おいしかったです	おいしくありませんでした
かわいい	かわいかったです	かわいくありませんでした
安(やす)い	安(やす)かったです	安(やす)くありませんでした

명사/な형용사

	～でした (～했습니다)	～じゃありませんでした (～지 않았습니다)
上(じょう)手(ず)だ	上手でした	上手じゃありませんでした
しんせつだ	しんせつでした	しんせつじゃありませんでした
有(ゆう)名(めい)だ	有名でした	有名じゃありませんでした
セール	セールでした	セールじゃありませんでした

|들어보자| 1

|확인하자| 1 ① どうでしたか
② けど

2 ① 本は 安かったですけど おもしろくありませんでした。
② デパートは 安かったですけど あまり しんせつじゃ
ありませんでした。

 17과

|들어보자| 1

2

	できます	できません
①	(✓)	( )
②	( )	(✓)
③	( )	(✓)

|확인하자| **1** ① はなす　② ひく　③ およぐ　④ よむ

2 ① なら　② できません

[써보자]　1그룹 동사

	～て (～하고/해서)	～て ください (～해 주세요)
かく	かいて	かいて ください
かす	かして	かして ください
飲(の)む	飲(の)んで	飲(の)んで ください
とる	とって	とって ください

2그룹 동사

見(み)る	見(み)て	見(み)て ください
食(た)べる	食(た)べて	食(た)べて ください

3그룹 동사

来(く)る	来(き)て	来(き)て ください
する	して	して ください

|들어보자| 1   ① かいて   ② とって   ③ かして

             2   ①

   (✓)   ②    (✓)

|확인하자| 1   ① ピアノ   ② ジュース   ③ ダンス

             2   ① 見(み)て   ② 飲(の)んで   ③ わらって   ④ かして

[들어보자]

|확인하자| 1   ① を   ② で

           2   ① しながら   ② しながら/あそん

[써보자]   1그룹 동사

	～た (～했다)	～た ことが あります (～한 적이 있습니다)
休(やす)む	休(やす)んだ	休(やす)んだ ことが あります
行(い)く	行(い)った	行(い)った ことが あります
およぐ	およいだ	およいだ ことが あります
あそぶ	あそんだ	あそんだ ことが あります

2그룹 동사

見(み)る	見(み)た	見(み)た ことが あります
食(た)べる	食(た)べた	食(た)べた ことが あります

3그룹 동사

来(く)る	来(き)た	来(き)た ことが あります
する	した	した ことが あります

|들어보자| 1   ① はなした   ② ありません   ③ ぜひ

           2

	はい	いいえ
①	(✓)	( )
②	( )	(✓)
③	(✓)	( )

|확인하자|　1　① はなした　② のった　③ やすんだ　④ つくった

　　　　　　2　① 見(み)たこと/ぜひ　② したこと

|들어보자||　1　① いたい　　② やすんだ

　　　　　　2　①

(✓)

②

(✓)

|확인하자|　1　① おなかが いたい　　② めが いたい

　　　　　　2　① だら　② ほう　③ やすんだら　④ いったほう

[써보자]　1그룹 동사

	～ない (～하지 않다)	～ないで ください (～하지 마세요)
話(はな)す	話(はな)さない	話(はな)さないで ください
うたう	うたわない	うたわないで ください
飲(の)む	飲(の)まない	飲(の)まないで ください
はしる	はしらない	はしらないで ください

2그룹 동사

ねる	ねない	ねないで ください
食(た)べる	食(た)べない	食(た)べないで ください

3그룹 동사

来(く)る	来(こ)ない	来(こ)ないで ください
する	しない	しないで ください

|들어보자|

|확인하자|

1

① あしが いたいんです。　　　　　　　話(はな)さない ほうが いいです。

② おなかが いたいんです。　　　　　　ぎゅうにゅうを 飲(の)まない ほうが いいです。

③ のどが いたいんです。　　　　　　　テレビを 見(み)ない ほうが いいです。

④ めが いたいんです。　　　　　　　　はしらない ほうが いいです。

2　① おしゃべりを し(話(はな)さ)　② 食(た)べ　③ はしら

|말해보자|

1 ① A よく 本を 読みますか。

  B¹ はい、読みます。

  B² いいえ、読みません。

② A よく べんきょうを しますか。

  B¹ はい、します。

  B² いいえ、しません。

③ A よく 友だちと あそびますか。

  B¹ はい、あそびます。

  B² いいえ、あそびません。

④ A よく としょかんに 行きますか。

  B¹ はい、行きます。

  B² いいえ、行きません。

* 답변의 예

2 ① A よく 友だちと あそびますか。

  B よく あそびます。

② A よく 本を 読みますか。

  B ときどき 読みます。

③ A よく ピザを 食べますか。

　 B ぜんぜん 食べません。

④ A よく ゲームを しますか。

　 B よく します。

|들어보자|

1　① たくやくんは よく 本を 読みますか。

　　② いいえ、あまり 読みません。ユミさんは?

　　③ わたしは ときどき 読みます。

2　보기　A：やまだくんは、よく サッカーを しますか。

　　　　B：いいえ、ぜんぜん しません。

　　　　　　ぼくは おんがくを よく ききます。

　① A：ジナさんは よく 本を 読みますか。

　　 B：はい、よく 読みます。

　② A：パクさんは よく ゲームを しますか。

　　 B：いいえ、ぜんぜん しません。

　　　　でも、友だちと よく あそびます。

　③ A：よしおくんは よく ゲームを しますか。

　　 B：はい、よく ゲームを します。

|말해보자|

1 ① A いっしょに えいがを 見ませんか。

B¹ いいですね、見ましょう。

B² すみません、きょうは ちょっと。

② A いっしょに ジュースを 飲みませんか。

B¹ いいですね、飲みましょう。

B² すみません、きょうは ちょっと。

③ A いっしょに としょかんに 行きませんか。

B¹ いいですね、行きましょう。

B² すみません、きょうは ちょっと。

④ A いっしょに うちに かえりませんか。

B¹ いいですね、かえりましょう。

B² すみません、きょうは ちょっと。

2 ① A 何に しましょうか。

B ケーキは どうですか。

A いいですね、ケーキに しましょう。

② A 何に しましょうか。

B ノートは どうですか。

A いいですね、ノートに しましょう。

③ A 何に しましょうか。

　 B ふくは どうですか。

　 A いいですね、ふくに しましょう。

④ A 何に しましょうか。

　 B アクションえいがは どうですか。

　 A いいですね、アクションえいがに しましょう。

|들어보자|

1 ① たくやくん、いっしょに あそびませんか。
　② いいですね、何を しましょうか。
　③ ゲームは どうですか。

2 [보기]　A：キムさん、いっしょに えいがを 見ませんか。
　　　　 B：いいですね、ホラーえいがは どうですか。

　① 　A：やまだくん、いっしょに べんきょうしませんか。
　　　 B：すみません、きょうは ちょっと。

　② 　A：ユミさん、いっしょに としょかんに 行きませんか。
　　　 B：いいですね、行きましょう。

　③ 　A：なかむらさん、いっしょに えいがを 見ませんか。
　　　 B：いいですね、何を 見ましょうか。

말해보자

* 답변의 예

1 ① A 何が(を) 食べたいですか。

    B すしが(を) 食べたいです。

  ② A どこに 行きたいですか。

    B ゆうえんちに 行きたいです。

  ③ A 何が(を) したいですか。

    B じてんしゃに のりたいです。

* 답변의 예

2 ① A プレゼントは 何が ほしいですか。

    B ぬいぐるみが ほしいです。

  ② A プレゼントは 何が ほしいですか。

    B デジカメが ほしいです。

  ③ A プレゼントは 何が ほしいですか。

    B くつが ほしいです。

1 ① たくやくんは 何^{なに}が ほしいですか。

② ユミさんは どこに 行^いきたいですか。

③ ぼくは ゆうえんちに 行^いきたいです。

2 보기 A：キムさんは 何^{なに}が(を) したいですか。

B：わたしは おんがくが(を) ききたいです。

① A：よしおくんは 何^{なに}が(を) ほしいですか。

B：ぼくは プレゼントが ほしいです。

② A：パクさんは 何^{なに}が(を) したいですか。

B：ねたいです。

③ A：まさみさんは 何^{なに}が(を) したいですか。

B：ジュースが(を) 飲^のみたいです。

|말해보자|

* 답변의 예

1 ① A　もう かおを あらいましたか。

　　 B　はい、あらいました。

② A　もう ごはんを 食^たべましたか。

　 B　いいえ、まだです。

③ A　もう 先生に 会いましたか。

　　B　はい、会いました。

④ A　もう そうじを しましたか。

　　B　いいえ、まだです。

2 ① A　きのう、べんきょうを しましたか。

　　B　いいえ、しませんでした。

　　A　どうしてですか。

　　B　友だちに 会いましたから。

② A　きのう、テレビを 見ましたか。

　　B　いいえ、見ませんでした。

　　A　どうしてですか。

　　B　ねましたから。

③ A　きのう、本を 読みましたか。

　　B　いいえ、読みませんでした。

　　A　どうしてですか。

　　B　ショッピングを しましたから。

④ A　きのう、およぎましたか。

　　B　いいえ、およぎませんでした。

　　A　どうしてですか。

　　B　雨が ふりましたから。

1 보기 A : もう そうじを しましたか。

B : はい、しました。

A : そうですか、ありがとうございます。

① A : たくやくんに 会いましたか。

B : いいえ、まだです。

② A : もう しゅくだいを しましたか。

B : いいえ、テレビを 見ましたから、まだです。

③ A : もう ごはんを 食べましたか。

B : はい、友だちと ハンバーガーを 食べました。

2 ① A : きむらくん、あしたの テストの べんきょうは しましたか。

B : いいえ、友だちと あそびましたから しませんでした。

② A : アリスさん、きのうは およぎましたか。

B : いいえ、雨が ふりましたから およぎませんでした。

|말해보자|

1 ① A すしは どうでしたか。

B¹ とても おいしかったです。

B² あまり おいしくありませんでした。

② A　いぬは どうでしたか。

B¹　とても かわいかったです。

B²　あまり かわいく ありませんでした。

③ A　てんいんさんは どうでしたか。

B¹　とても しんせつでした。

B²　あまり しんせつじゃ ありませんでした。

④ A　うたは どうでしたか。

B¹　とても 上手^{じょうず}でした。

B²　あまり 上手^{じょうず}じゃ ありませんでした。

2 ① A　本^{ほん}は どうでしたか。

B　安^{やす}かったですけど おもしろく ありませんでした。

② A　あの 店^{みせ}は どうでしたか。

B　安^{やす}かったですけど おいしく ありませんでした。

③ A　えは どうでしたか。

B　安^{やす}かったですけど きれいじゃ ありませんでした。

④ A　デパートは どうでしたか。

B　安^{やす}かったですけど しんせつじゃ ありませんでした。

|들어보자|

1 A：キムさん、きのうは 何^{なに}を しましたか。

B：ははと デパートで かばんを 見^みました。

164

보기 A：かばんは どうでしたか。
　　 B：かわいかったです。

① A：かばんは やすかったですか。
　 B：いいえ、やすくありませんでした。

② A：てんいんさんは どうでしたか。
　 B：あまり しんせつじゃありませんでした。

③ A：デパートは どうでしたか。
　 B：きれいでした。

|말해보자|

1 ① A　しゅみは 何^{なん}ですか。
　　 B　うたを うたう ことです。

② A　しゅみは 何^{なん}ですか。
　 B　およぐ ことです。

③ A　しゅみは 何^{なん}ですか。
　 B　ゲームを する ことです。

④ A　しゅみは 何^{なん}ですか。
　 B　本^{ほん}を 読^よむ ことです。

2 ① A　かんじを 読^よむ ことが できますか。

　　B¹　はい、できます。

　　B²　いいえ、できません。

② A　うみで およぐ ことが できますか。

　　B¹　はい、できます。

　　B²　いいえ、できません。

③ A　日本^{にほん}の うたを うたう ことが できますか。

　　B¹　はい、できます。

　　B²　いいえ、できません。

④ A　日本語^{にほんご}を 話^{はな}す ことが できますか。

　　B¹　はい、できます。

　　B²　いいえ、できません。

3 ① A　英語^{えいご}を 話^{はな}す ことが できますか。

　　B　いいえ、できません。
　　　　でも、日本語^{にほんご}なら 話^{はな}す ことが できます。

② A　とんかつを 作^{つく}る ことが できますか。

　　B　いいえ、できません。
　　　　でも、サンドイッチなら 作^{つく}る ことが できます。

③ A　かんじを かく ことが できますか。

　　B　いいえ、できません。
　　　　でも、ひらがななら かく ことが できます。

④ A　スキーを する ことが できますか。

　　B　いいえ、できません。

　　　　でも、スケートなら する ことが できます。

|들어보자|

1　A：しゅみは 何^{なん}ですか。

　　B：本^{ほん}を 読^よむ ことです。

2　① A：ジナさんは ピアノを ひく ことが できますか。

　　　　B：はい、できます。

　　② A：よしおくんは およぐ ことが できますか。

　　　　B：いいえ、できません。

　　③ A：パクさんは 日本^{に ほん}の うたを うたう ことが できますか。

　　　　B：いいえ、でも 韓国^{かんこく}の うたなら うたう ことが できます。

|말해보자|

1　① A　なまえを かいて ください。

　　　　B　はい、わかりました。

　　② A　ちょっと、まって ください。

　　　　B　はい、わかりました。

③ A　ペンを　かして　ください。

　　B　はい、わかりました。

④ A　しゃしんを　とって　ください。

　　B　はい、わかりました。

2　うたを　うたって　ください。

わらって　ください。

しゃしんを　とって　ください。

なまえを　かいて　ください。

日本語を　話して　ください。

本を　かして　ください。

およいで　ください。

ピアノを　ひいて　ください。

本を　読んで　ください。

ごはんを　食べて　ください。

ジュースを　飲んで　ください。

ダンスを　して　ください。

|들어보자|

1　① なまえを　かいて　ください。

　　② しゃしんを　とって　ください。

　　③ ペンを　かして　ください。

2　① A：そこに　なまえを　かいて　ください。

　　　B：はい、わかりました。

② A : はい、わらって ください。

　　 B : チーズ!!

|말해보자|

1 ① A　ユンさんは 何^{なに}を して いますか。

　　　B　ねて います。

② A　キムさんは 何^{なに}を して いますか。

　　B　うたを うたって います。

③ A　パクさんは 何^{なに}を して いますか。

　　B　友^{とも}だちと 話^{はな}して います。

④ A　なかむらさんは 何^{なに}を して いますか。

　　B　おべんとうを 食^たべて います。

⑤ A　さとうさんは 何^{なに}を して いますか。

　　B　でんわを かけて います。

⑥ A　アミさんは 何^{なに}を して いますか。

　　B　おんがくを きいて います。

2 ① A　うちゅうじんは べんきょうを しながら 何^{なに}を して いますか。

　　　B　べんきょうを しながら でんわを かけて います。

② A うちゅうじんは べんきょうを しながら 何を して いますか。

B べんきょうを しながら ジュースを 飲んで います。

③ A うちゅうじんは べんきょうを しながら 何を して いますか。

B べんきょうを しながら ねこと あそんで います。

|들어보자|

1 보기 A：ジナさんは 何を して いますか。
B：本を 読んで います。

① A：パクさんは 何を して いますか。
B：おんがくを きいて います。

② A：たくやくんは 何を して いますか。
B：あそこで うたを うたって いますよ。
A：そうですか。

③ A：ユミさんは 何を して いますか。
B：友だちと 話して います。

④ A：よしおくんは 何を して いますか。
B：ねて いますね。

⑤ A：キムさんは 何を して いますか。
B：でんわを かけて います。

⑥ A：なかむらくんは 何を して いますか。
B：おべんとうを 食べて いますね。

20과

|말해보자|

1 ① A ひこうきに のった ことが ありますか。

B¹ はい、のった ことが あります。

B² いいえ、のった ことが ありません。

② A りょうりを 作った ことが ありますか。

B¹ はい、作った ことが あります。

B² いいえ、作った ことが ありません。

③ A がっこうを 休んだ ことが ありますか。

B¹ はい、休んだ ことが あります。

B² いいえ、休んだ ことが ありません。

④ A 友だちと けんかを した ことが ありますか。

B¹ はい、した ことが あります。

B² いいえ、した ことが ありません。

2 ① A りょうりを 作った ことが ありますか。

B いいえ、ありません。
でも、ぜひ 作りたいです。

② A 日本の えいがを 見た ことが ありますか。

B いいえ、ありません。
でも、ぜひ 見たいです。

③ A 日本に 行った ことが ありますか。

B いいえ、ありません。

でも、ぜひ 行きたいです。

④ A げいのうじんに 会った ことが ありますか。

B いいえ、ありません。

でも、ぜひ 会いたいです。

|들어보자|

1 ① 日本人と 話した ことが ありますか。

② いいえ、見た ことが ありません。

③ ぜひ 会いたいです。

2 보기 A：りょうりを 作った ことが ありますか。

B：はい、スパゲッティを 作った ことが あります。

① A：うみで およいだ ことが ありますか。

B：はい、およいだ ことが あります。

② A：友だちと けんかした ことが ありますか。

B：いいえ、ありません。

③ A：ひこうきに のった ことが ありますか。

B：はい、母と のった ことが あります。

21과

|말해보자|

1 ① A　もんだいが わかりません。

　　　B　先生に きいたら どうですか。

　② A　おなかが ペコペコです。

　　　B　ごはんを 食べたら どうですか。

　③ A　おそく おきました。

　　　B　はしったら どうですか。

　④ A　友だちと けんかを しました。

　　　B　でんわを したら どうですか。

2 ① A　どうしたんですか。

　　　B　おなかが いたいんです。

　　　A　じゃ、トイレに 行った ほうが いいですよ。

　② A　どうしたんですか。

　　　B　めが いたいんです。

　　　A　じゃ、休んだ ほうが いいですよ。

　③ A　どうしたんですか。

　　　B　のどが いたいんです。

　　　A　じゃ、くすりを 飲んだ ほうが いいですよ。

3 A どうしたんですか。

B あしが いたいんです。

A じゃ、すわった ほうが いいですよ。

|들어보자|

1 ① あたまが いたいんです。

② じゃ、休^{やす}んだ ほうが いいですよ。

2 ① A 友^{とも}だちと けんかしました。

B そうですか、でんわを したら どうですか。

② A おなかが いたいんです。

B トイレに 行^いったら どうですか。

|말해보자|

1 ① A どうしたんですか。

B あたまが いたいんです。

A じゃ、むりを しない ほうが いいですよ。

② A どうしたんですか。

B めが いたいんです。

A じゃ、本^{ほん}を 読^よまない ほうが いいですよ。

③ A　どうしたんですか。

　　B　のどが いたいんです。

　　A　じゃ、話さない ほうが いいですよ。

④ A　どうしたんですか。

　　B　あしが いたいんです。

　　A　じゃ、サッカーを しない ほうが いいですよ。

2 ① A　としょかんで ねないで ください。

　　B　はい、すみません。

② A　としょかんで おしゃべりを しないで ください。

　　B　はい、すみません。

③ A　としょかんで はしらないで ください。

　　B　はい、すみません。

④ A　としょかんで うたを うたわないで ください。

　　B　はい、すみません。

|들어보자|

1　① としょかんで ねないで ください。

　　② としょかんで おしゃべりを しないで ください。

　　③ としょかんで はしらないで ください。

　　④ としょかんで うたわないで ください。

会う

およぐ

話す

うたう

飲む

つくる

きく

かく

休む

のる

ピザを
食（た）べませんか。

かえり
ませんか。

あそび
ませんか。

べんきょう
しませんか。

本（ほん）を 読（よ）み
ませんか。

えいがを
見（み）ませんか。

おんがくを
ききませんか。

としょかんに
行（い）きませんか。

ゲームを
しませんか。

ジュースを
飲（の）みませんか。

食<ruby>た</ruby>べましょう。

かえりましょう。

あそびましょう。

べんきょう
しましょう。

読<ruby>よ</ruby>みましょう。

えいがを
見<ruby>み</ruby>ましょう。

おんがくを
ききましょう。

としょかんに
行<ruby>い</ruby>きましょう。

ゲームを
しましょう。

ジュースを
飲<ruby>の</ruby>みましょう。

ピザを
食べて います。

ねて います。

あそんで
います。

べんきょう
して います。

本を 読んで
います。

うたを
うたって います。

おんがくを
きいて います。

でんわを
かけて います。

およいで
います。

ジュースを
飲んで います。

동양북스 채널에서 더 많은 도서
더 많은 이야기를 만나보세요!

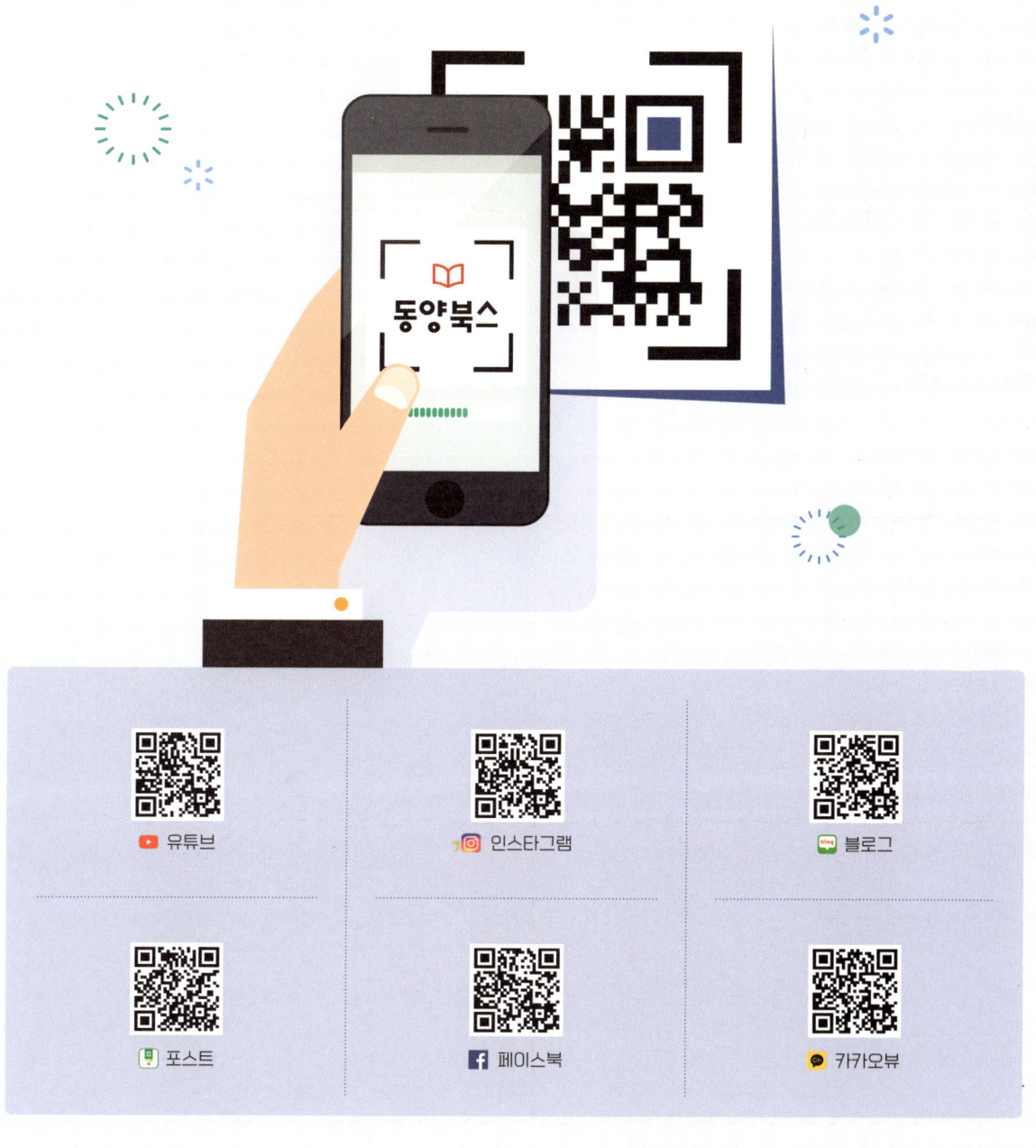

외국어 출판 45년의 신뢰
외국어 전문 출판 그룹
동양북스가 만드는 책은 다릅니다.

45년의 쉼 없는 노력과 도전으로 책 만들기에 최선을 다해온
동양북스는 오늘도 미래의 가치에 투자하고 있습니다.
대한민국의 내일을 생각하는 도전 정신과 믿음으로 최선을 다하겠습니다.

동양북스